时间的果实

均衡价值基金经理的投资逻辑

点拾投资 著

INTERVIEW WITH TOP CHINESE MANAGER

The Implication of Value Investing

机械工业出版社
China Machine Press

图书在版编目（CIP）数据

时间的果实：均衡价值基金经理的投资逻辑 / 点拾投资著 . -- 北京：机械工业出版社，2022.5
ISBN 978-7-111-70782-0

I. ①时… II. ①点… III. ①金融投资 – 基本知识 IV. ①F830.59

中国版本图书馆 CIP 数据核字（2022）第 082095 号

　　本书通过对国内知名的价值均衡基金经理进行深度访谈，分享和总结了他们的投资理念、投资逻辑、选股策略等。价值均衡基金经理关注投资组合的长期价值，愿意做时间的朋友，守住自己看得懂的行业，通过复利的力量，取得长期优异的收益率。作为市场中的买方，基金经理的投资理念对投资者具有更实用的学习参考价值，本书中访谈的基金经理都活跃在投资一线，且具有良好的投资业绩，书中总结了他们每个人的投资理念精华，以便投资者学习借鉴。

时间的果实：均衡价值基金经理的投资逻辑

出版发行：机械工业出版社（北京市西城区百万庄大街 22 号　邮政编码：100037）	
责任编辑：顾　煦	责任校对：殷　虹
印　　刷：三河市宏达印刷有限公司	版　次：2022 年 6 月第 1 版第 1 次印刷
开　　本：170mm×230mm　1/16	印　张：18
书　　号：ISBN 978-7-111-70782-0	定　价：79.00 元

客服电话：(010) 88361066　88379833　68326294　　投稿热线：(010) 88379007
华章网站：www.hzbook.com　　读者信箱：hzjg@hzbook.com

版权所有·侵权必究
封底无防伪标均为盗版

| 推荐序 |

中国资本市场过去30多年走过的路,与成熟市场的走法存在很多惊人的相似之处,这实际上就是市场发展的趋势。投资收益带有不确定性,但投资中面对的最大趋势是时代的变迁,世界潮流浩浩荡荡,这是不可逆的。既然中国资本市场和成熟市场的发展有相似之处,那么必然会出现成熟市场体量的资产管理公司。

如果拿中国各行各业去和美国相比,会发现在很多行业中国已经大幅缩短了和美国之间的差距,甚至在一些行业超越了美国。然而,中国资产管理公司的整体规模,相比海外管理几万亿美元的资产管理公司来说,差距还很大。这也恰恰说明,中国的资产管理行业有可能迎来黄金的十年。今天,我们已经出现了一批管理规模达上万亿元人民币的资产管理机构,也已经出现了个人管理规模超过500亿元人民币的权益基金经理。未来将会看到管理规模上十万亿元人民币的资产管理机构。

公募基金作为老百姓理财的重要工具,承担着巨大的社会责任。在政府"房住不炒"的政策下,权益类资产在中国居民家庭资产中的配置比例将得到显著提高，故公募基金产品的配置价值变得越来越大，它们不仅要实现老百姓资产的增值保值，也要起到优化社会资源分配的作用，把更多的钱配置到优秀的企业中，推动社会的进步。

点拾投资的这本书，汲取了其与众多优秀基金经理访谈之精华，归纳出一系列各具特色的基金经理投资方法论，每个基金经理都毫无保留地分享了自己的投资方法，而方法论背后更是一种价值观。

未来的时代是一个投资更容易赚钱的时代，是一个机构投资者规模和数量加速增长的时代，是一个存量经济特征愈加明显、分化之下强者恒强的时代。相信大家看了本书中对专业投资者的访谈，会发现投资是一个高度复杂的工作，把钱交给专业的投资者，会成为一个长期的趋势。当前中国在各个领域都出现了专业化的服务机构，未来大家也会越来越接受资产管理的专业服务理念。

我希望有人能不断记录这个资本市场日渐壮大的时代。从业25年来，我个人见证了中国资本市场越来越大、越来越成熟和规范的过程，也见证了资产管理行业发展壮大的过程。本书中的基金经理访谈记录了基金经理投资方法及决策体系的形成细节，也从一个侧面记录了中国资产管理行业发展壮大的历史过程。

李迅雷

2022年4月

| 序　言 |

记录"时间果实"的成长历程

2017年6月，我像往常一样在办公室里看书，好友丘栋荣突然给我发了一条微信，想约我对他的投资体系做一次梳理。当时，丘栋荣的PB-ROE投资体系很难被持有人理解，而他认为我的专业投研背景能把他的框架用朴素的语言写出来。于是，"点拾投资"公众号的第一篇基金经理访谈，就在2017年7月3日发布了，也给我打开了一个全新的世界。

在一开始的两年，基金经理访谈并非"点拾投资"最重要的内容，我们把大量时间用来分享自己的中美对比研究。直到有一天在研究了中美资产管理行业后我发现，这是中国和美国差距最大的行业之一。在美国，头部的基金公司管理着上万亿美元的资产。而在2018年底，中国公募基金行业的主动管理规模只有几万亿元人民币。中国的资产管理行业未来必然会诞生管理上万亿美元资产的全球巨头。中国会有与其经济体量相匹配的资本市场以及资产管理公司。在这个过程中，必将诞生一批优秀的基金经理。

另一个对我产生巨大触动的事情是，2018年10月26日到29日，我应对冲基金平台东英资管的邀请，参加了"金融怪杰"系列丛书作者杰克·施瓦格的中国之行活动，并且作为他在深圳、北京、上海三场活动的独家访谈人。我早就在美国拜读过他的"金融怪杰"系列书，里面访问了各种风格的基金经理，给大家展现了投资世界的多样性。许多国内的专业投资者，也都是看着这套书成长起来、找到匹配自己的方法的。和施瓦格在一起的三天，让我坚定了自己的目标：成为中国的施瓦格，记录优秀基金经理的投资方法和框架。

于是从2019年下半年开始，我基本上保持着每年访谈200名基金经理的频率。点拾投资也成为业内最被认可的财经自媒体之一，越来越多的人通过点拾投资了解了不同风格、性格、理念的基金经理，每个人身上都有我们值得学习的亮点。在访谈的过程中，我们也感受到了资产管理行业大爆发的浪潮。公募基金的管理规模以几倍的速度增长，每过一段时间就会打破过去的发行纪录。我们看到市场上出现了单日认购上千亿元的新基金、一大批末日配售的产品，以及管理规模达1000亿元的主动权益基金经理。

投资是一件看似简单却对专业性要求极高的事情。就像许多人喜欢踢球，但根本做不了职业球员；许多人喜欢做饭，但无法做专业的厨师。在任何专业领域，都需要上万小时训练的投入。越来越多的散户放弃了自己炒股，转而把钱交给专业的基金经理。"专业的人做专业的事情"也一直是我们倡导的价值观。

通过我们专业的基金经理访谈，越来越多的基金经理被市场所认识，大家也能更从容地选择和自己想法匹配的基金经理。投资中最重要的两个字就是"匹配"：基金经理的性格和方法论的匹配、基金持有人的价值观和基金经理的匹配、资产端和负债端的匹配、承担风险和潜在收益的匹配，等等。

有趣的是，许多被我们访谈的基金经理说，阅读我们访谈其他基金经理的专栏文章，对他们提升自己的投资框架也有很大帮助。我想，这就是基金经理访谈的最大价值吧，推动行业进行一个螺旋式的正循环发展，提升基金经理的收益能力，也让越来越多有能力的基金经理管理更大规模的资产，创造更大的社会价值。

对于读者来说，我认为这本书会带来两种不同的价值。①普通的"新手玩家"将从这本书中发现，投资其实是一件高度复杂的事情，那么未来把钱交给专业的基金经理，把时间留给心爱的人，是最好的选择之一。②想自己做投资的"高阶玩家"，一定能够从这些基金经理的坦诚分享中有所收获，更好地理解不同的投资视角。

出书是我一直以来的梦想。一个人总要在这个世界上留下点什么。2020年，我为富达基金的传奇基金经理T神的著作《大钱细思》⊖写了推荐序。2021年，我又和好朋友安昀一起翻译了《征服市场的人》。如今，我终于要迎来这本自己打造的书。未来，我会学习施瓦格，打造一系列关于中国基金经理的作品，用文字记录下中国资产管理行业的黄金时代。用自己的一生去感受时代的发展，这是一种莫大的幸福。

最后，特别感谢机械工业出版社华章分社。机械工业出版社也是《金融怪杰》的中国出版方，特别匹配我个人的目标。本书出版的过程远远比此前预计的辛苦，我们对大量文字进行了二次创作和打磨。在

⊖ 本书中文版已由机械工业出版社出版。

这里特别感谢机械工业出版社华章分社的王颖和李昭，对本书出版提供了极大的支持。也感谢我的家人，在每一个日夜都支持我为热爱的事业付出。

朱昂

点拾投资创始人

2022 年 3 月 21 日

| 目　录 |

推荐序
序　言　记录"时间果实"的成长历程

第1章　用生命周期看待长期价值 ◎洪流 / 1

生命周期与均值回归 / 3
偏向价值的 GARP 策略 / 5
站在新时代的起点 / 9

第2章　用预期收益率和时间周期看待投资 ◎何帅 / 11

关键在于长期、稳定的价值提升 / 13
性价比取决于预期收益率和时间长度 / 16
守住能力圈，不博取风格 / 20
首先不要亏钱，才能持续为持有人赚钱 / 21

第 3 章　日拱一卒，相信时间的价值◎唐颐恒 / 23

　　相信时间的价值 / 27
　　研究壁垒是把握业绩可持续增长的核心 / 28
　　同店增长是渠道类公司的核心指标 / 32
　　内生增长能力强的公司才有定价权 / 34
　　既要好公司，也要好价格 / 36
　　不参与没有 Alpha 的 Beta / 37
　　组合中的 Beta 是可以管理的 / 38
　　超额收益 1/3 来自行业配置，2/3 来自个股选择 / 40
　　投资是一个不断进步的过程 / 42

第 4 章　享受复利的慢节奏◎劳杰男 / 45

　　以每年 15%～20% 的长期复合收益率为投资目标的投研框架 / 48
　　收益来源：低估值的均值回归和优秀企业的持续增长 / 51
　　个股挖掘来自团队智慧以及对公司竞争力的理解 / 52
　　给投资者带来复利增长，避免出现较大回撤 / 55
　　市场进入专业时代，止损止盈都从专业出发 / 55
　　保持对投资和组合的新鲜感，良好的心态是知行合一的核心 / 57

第 5 章　不断对安全边际打补丁◎赵晓东 / 59

　　五维选股，践行价值投资 / 61
　　好公司的魅力在于长期 / 63
　　构建组合的核心：不赌单一板块和方向 / 65
　　投资目标：先力争不亏钱 / 66
　　通过错误持续优化 / 67

第6章 价值投资的实质重于形式 ◎丘栋荣 / 71

价值评估的基础是保守的 / 74
价值投资有效，恰恰是因为它并非一直有效 / 75
要回归原教旨主义价值投资 / 78

第7章 做有大局观的逆向投资 ◎程洲 / 83

更加看重行业的成长性 / 86
不重仓单一行业和个股 / 87
具有组合思维的逆向投资者 / 88
制造业长期发展大有可为 / 91
看清行业空间，避免估值陷阱 / 93

第8章 最大的安全边际是企业家的价值观 ◎周应波 / 97

超额收益主要来自个股选择 / 99
可靠增长背后的企业家精神 / 101
厌恶风险的成长股选手 / 102

第9章 投资的进阶，从解答到选择 ◎王延飞 / 105

做选择题而不是解答题 / 107
和优秀的管理层同行 / 110
波动不是风险，永久性损失才是 / 113
与时俱进，保持学习 / 115

第10章 横跨不同投资风格找平衡 ◎李晓星 / 119

时刻维持投资组合在最佳性价比 / 121
我的对手是指数，不是其他基金经理 / 122
业绩预期差要大，估值预期差要小 / 123
行业分散，个股集中 / 124
业绩是基金经理最好的宣传语 / 126

第 11 章 "慢即是快"的保守稳健均衡 ◎傅友兴 / 129

长期目标：实现净值的稳健增长 / 131
选股思路：从 ROIC 出发，偏好内生性可持续增长 / 133
行业特征：聚焦消费、医药等稳定增长的行业 / 136
风险控制：三个维度降低组合回撤 / 137

第 12 章 价值投资中的"道"和"术" ◎程琨 / 141

价值投资的本质是：使命、专业、责任 / 143
智慧是有复利性的，聪明是时间的敌人 / 145
不断循环向上，就是熵减的过程 / 148
深入到生意本质的思考 / 149
只有"道"才能成为基金经理的护城河 / 150
价值投资者注定是孤单的 / 151

第 13 章 真正向巴菲特学习价值投资 ◎安昀 / 153

买入现在的价格低于内在价值的公司 / 157
不得贪胜：价值投资是一种生活方式 / 162

第 14 章 避免投资中的"受迫交易" ◎徐志敏 / 167

投资必须匹配人性的弱点 / 170
用"乌云的金边"看待风险 / 172
逆向的核心不是对抗市场，而是置信度 / 173
正视弱点，做 60 分投资 / 174
优秀基金经理的四大特质 / 175

第15章　价值投资的护城河是耐得住寂寞 ◎孙伟 / 177

决定消费品回报的是格局和空间 / 179

寻找非共识的正确 / 181

通过敏锐观察洞悉行业变化 / 183

以乐观的性格面对压力 / 185

懂得慢慢变富才是一种捷径 / 186

第16章　价值投资的事实和误区 ◎王宗合 / 189

价值投资是唯一的正道 / 191

误区1：价值投资＝低估值投资 / 196

误区2：价值投资＝永远不卖 / 197

误区3：价值投资＝保守的投资收益 / 198

误区4：价值投资＝消费股投资 / 199

误区5：价值投资＝买估值低的品种 / 199

误区6：价值投资变得越来越拥挤 / 200

事实1：价值投资＝长期有效 / 201

事实2：价值投资＝集中投资 / 202

事实3：价值投资＝低换手率 / 202

事实4：价值投资＝深度研究 / 203

事实5：价值投资的风险来自本金的永久性损失 / 204

第17章　投资的人道与天道 ◎张骏 / 207

投资是时间价值和社会资源的再分配 / 209

用《孙子兵法》看好公司的特质 / 211

每个人都只能赚到自己认知内的钱 / 214

风控的核心是避免随意性 / 216

相信投资中的"人道"和"天道" / 217

第 18 章　价值投资才是真正的"捷径" ◎杨岳斌 / 221

　　投资只能赚到你真正信仰的钱 / 224
　　幸运的行业 + 伟大的企业家精神 / 225
　　价值投资就是把鸡蛋放在一个篮子里 / 227
　　非相关性是控制风险的"圣杯" / 232
　　巴菲特和芒格的书要经常看 / 234

第 19 章　重仓为社会创造价值的中国企业 ◎潘中宁 / 237

　　不走寻常路的人生上半场 / 240
　　创造社会价值比创造股东价值更重要 / 242
　　投资要从历史出发，把握大格局 / 245
　　自下而上研究要有自上而下的全局观 / 249
　　将 ESG 嵌入每一个基本面分析 / 251
　　要得到投资者的信任，必须专业 + 专注 / 253

第 20 章　构建深度研究与风险定价的科学体系 ◎余小波 / 255

　　复利＝重复找到创造高价值的企业 / 257
　　必须把对企业的理解数据化 / 258
　　用风险量化定价做组合动态管理 / 261
　　价值和成长并不对立 / 265
　　规避在自己不懂的事情上下注 / 267
　　从供给侧而非需求侧看公司竞争力 / 269
　　从基金经理到管理者，学会用实业眼光看问题 / 270

| 第 1 章 |

用生命周期看待长期价值

访谈对象：洪流

访谈日期：2018 年 6 月 15 日

记得我 2018 年第一次采访洪流是和好朋友矫健一起去的，他和我说洪流是 A 股价值均衡策略的典范、基金经理中的"大咖"，必须要和他聊聊。此前，我也听很多朋友说起过洪流，心想作为 2016 年 A 股熊市中的全市场股票型基金冠军，这位"70 后"投资老将一定有两把刷子。

第一次访谈，我就感受到洪流身上有一种不一样的"精神气"。他看着比实际年龄更年轻，也更有活力，表达能力非常强，对于访谈中的每一个问题都认真回答。他一直强调自己的能力圈很窄，只懂偏价值成长方向的行业，但实际上他的知识面很广，问他有关任何行业和公司的问题，他都能一一解答。从那一次访谈起，我们就成了很好的朋友，并且每一年都会进行一次深度访谈。

有些基金经理的投资能力很强，但是表达能力比较一般，也有些基金经理的口才很好，但是投资业绩比较普通。洪流是那种极少数表达能力很强、投资业绩也不错的基金经理，像金牛奖、英华奖这样的行业大奖，他都拿过好几次，和他聊天一聊就是几个小时。他没有任何架子，甚至很会照顾他人的感受，让人觉得和他在一起很舒服。

说起投资框架，洪流非常自信。他说他毕竟在A股市场干了20年投资，什么周期都见过了，知道哪些方法长期是有效的，哪些方法长期是无效的。即便短时间业绩落后，他也不会有任何的焦虑。洪流运用的是GARP[⊖]策略，这个策略在低估值策略和高成长策略的中间，属于均衡风格。他看一家公司，既要价格合理，也要具备长期成长性。

在投资中，找到好公司、好价格似乎是很难的。洪流会以"生命周期"的角度看公司，他认为没有一家公司能年年好，公司的经营本身也有一定的周期性，市场上永恒不变的就是周期波动。但是大众很容易线性思考——在冬天的时候，认为公司永远进入寒冬，在夏天的时候又认为每一天都是盛夏。洪流喜欢用ROE这个指标看公司，但是必须是全生命周期的ROE水平，这样可以更加客观地反映出公司长期竞争力的水平。

洪流也是A股资本市场最乐观的投资者之一，他一直相信居民家庭财富会进行再分配，对于股票型基金的配置会不断提高，推动资本市场进入一轮长期的慢牛行情。当然，随着机构投资者占比的提高，超额收益也会越来越难获取，更加考验资产管理机构的定价能力。

⊖ Growth at Reasonable Price，用合理的价格买成长。

生命周期与均值回归

朱昂：你多次提到要用生命周期的视角看待企业，能否谈谈你对于生命周期的理解？

洪流：行业有生命周期，企业也有生命周期。要从生命周期的维度去评估一家企业到底是成长型的还是价值型的。如果把企业看作人，有些人目前15岁，那就属于高成长型，每年都在长高长大，如果注重锻炼，身体会更好。有些人已经70岁了，那就属于价值型，就要看有没有足够多的低风险资产，现金流怎么样。

不同行业的生命周期特征不同，有些行业天生就是弱周期的。有些行业的需求端总是稳定的，供给端总是受控的，渠道稳定，品牌强大。天生的禀赋塑造出来的就是驾驭周期的能力很强，弱周期。从历史上看，偏消费的行业是弱周期波动的，但生命周期很长。比如高端白酒这个行业，存在了很多年，也曾经发生过行业乱战，但大量企业都有较长的历史。

还有一些，比如钢铁这样的强周期行业，在许多年前就达到了生命周期的顶峰。产能严重过剩，行业淘汰能力较弱，虽然这几年有供给侧改革，但长期的生命周期是向下的。我们看到美国钢铁这家公司，今天依然存在，但是长期回报率很差。这类行业的商业模式比较差，原材料是一个不可控因素。

还有一些行业处于强周期和弱周期中间，比如化工、水泥、建材等。相比于钢铁，这些行业没有库存，运输半径短，产品也比较稳定。类似于化工中的MDI⊖，中国企业具有全球化比较优势，ROE比

⊖ 即二苯基甲烷二异氰酸酯，是一种用途广泛的高分子材料。

较高，能带来稳定的现金流。

一家企业的生命周期与企业文化以及天生禀赋相关。另外，我非常看重"以人为本"，人是核心，对企业运行的影响很大。管理层是企业的核心，很多时候一旦脱离了优秀的人，企业的价值就会出现变化。

我希望在企业处于生命周期的向上成长阶段时投进去。历史上我们看到许多 A 股的十倍股，都经历过一轮大幅向上成长。

朱昂： 对于生命周期有一种看法是均值回归，如同人总是会死的，一家企业的生命也会出现均值回归，你如何理解这个问题？

洪流： 我们需要从估值和壁垒的维度去理解生命周期。一家企业的壁垒，要用长期的 ROE 去看，而不是一两年的 ROE。要理解 ROE 背后的商业模式是什么，企业如何创造自由现金流。

均值回归通常发生在估值很高的企业身上，特别是那些过了高速成长期的企业。比如今年有一些医药股的估值，无法匹配其长期的业绩增速，这类高估值的企业，大概率会出现估值上的均值回归。

但是一些估值便宜并处于高增长的企业，很难发生均值回归。A 股的某白酒龙头企业，ROE 非常高，就是一台印钞机，目前估值也就 30 倍左右。这种企业很难跌下来。海外许多消费品企业，长期 ROE 很高，不需要很大的资本开支，盈利理论上都可以拿来分红，这种企业估值也不便宜，每年赚 ROE 的钱就够了。

再看家电这个行业，两家白电企业的 ROE 明显比黑电企业要高。背后的原因是，这个市场是被这两家龙头给做起来的，产品好，进口替代，行业格局也好。而黑电显然行业格局不如白电。优秀的企业，如果要均值回归，也应该向上回归。

均值回归不是简单的股价涨了就要跌。过去几年有些优质企业股价涨了 500%，也有许多企业股价跌了很多。均值回归的是定价错误的企业。

朱昂：所以你觉得，定价错误的企业才会出现均值回归。

洪流： A 股市场上，趋势投资者比较多，定价往往会出现一些泡沫。美国"漂亮 50"泡沫破灭，里面一大批企业在 20 年后才又创新高。对于企业的定价，要基于商业模式来看，要看这个行业和企业是不是具备长期创造现金流的能力。比如 A 股的科技企业，其实并没有很好的商业模式。硬件类企业现金流并不好，需要持续的资本开支。而且科技迭代速度很快，未来我们的手机很可能和今天的大不相同。

海外投资者进来，比较喜欢买消费品和家电，是有一定逻辑的。过去 10~15 年，每年自由现金流为正的板块，只有消费品和家电，它们天生处于比较好的赛道。在消费品领域，只要产品好，满足某一个细分人群的需求，就能赚很多钱，成为比较大的企业。

偏向价值的 GARP 策略

朱昂：能否说说你的 GARP 策略的投资框架？

洪流： A 股基金经理大部分是做 GARP 策略的，用合理的价格去买有质量的增长。A 股市场真正便宜的公司很少，深度价值策略很难做。2010 年我开始管理投资组合，后来对组合做了一个收益率的分析，我的组合2010~2017年的年化回报率在20%附近。刚开始管钱，我就做价值投资，当时很多价值股从我买入到离开一直没有动过。我在一些优秀公司上的主体仓位是长期不动的。

如果做一个归因的话，我始终坚信投资收益来自公司盈利的长期成长。一个是公司的盈利，另一个是成长。盈利主要来自ROE，成长来自内生和外延。内生的成长主要来自ROIC○。ROIC就是公司内生增长超过了资本成本，ROE代表着一家公司的竞争格局和公司本身的商业模式。

大概8年前，我就确定了价值投资的风格。价值投资是我的能力圈，我不会突破自己的能力圈，清醒地认识自己的能力圈很重要。我的GARP策略偏向价值多一些，以优秀公司为基准，组合的回撤比较小。

朱昂：现在好公司越来越贵了，你的GARP策略执行起来会不会越来越难？

洪流：作为GARP策略选手，PEG○不合理的标的，我当然会放弃。价值和成长需要兼顾。去追那些明显高估的资产的人是趋势投资者，不是GARP策略投资者。现在有一批地产股很便宜，PEG显著低于1，对我就很有吸引力。

我并不会给自己贴"买入有质量的成长"的标签。对一家公司的定价要有底，那些高估值的领域，必须要经得起考验。

朱昂：从历史上看，你在大消费和大金融上的超额收益很大。

洪流：消费品天生比较容易理解，很多研究通过自己的体验和草

○ Return on Invested Capital，资本回报率。
○ 市盈率相对盈利增长比率。

根调研就能完成。而大金融是因为我之前做过三年的战略研究，对于金融行业的理解相对比较深刻。

这两个行业 ROE 偏高、周期性偏弱，公司的竞争力、品牌都比较容易理解。我很关注一家公司历史上的平均 ROE——好的时候 ROE 有多少，坏的时候 ROE 有多少。以前我研究过一只化工股，在它 ROE 下滑的时候，行业出现了巨大的变化。之后行业格局改善，ROE 又出现了比较大的回升。我们需要理解 ROE 变化背后的驱动因素是什么。

朱昂：除了 ROE，还有什么指标你比较重视？

洪流： 首先，我比较重视公司的资产状况，包括它的资产负债表，以及是重资产还是轻资产。前面谈到，我很看重 ROE，所以我喜欢资产轻一些的公司。加速折旧的公司就非常好，比如水电类公司，折旧几十年就完成了，但是资产可以用百年。

其次，我也看重现金流量表，它类似于一个人的血液指标，说明这个人是不是足够健康。从现金流量表也能看出一家公司是不是在大量举债、融资。

最后，我看重人。公司本来就是由人构建的，是领导人带着团队构建的商业模式、盈利模式，包括战略和战术的制定等。所以，看一家公司，必须看人。

我认为价值和成长是一体的，不是对立的。最经典的价值，就是成长的公司。你看许多价值股，其实背后是高成长的公司。有时候投资，我们要看不同的阶段，不同的阶段有不同的成长驱动力。任何一家大市值公司，都是从小市值公司成长起来的。

许多人的认识有误区，认为大市值公司对应的是价值股，其实大量千亿市值以上的价值股，增长速度也非常快。

朱昂： 你很看重ROE，也看重ROE的可持续性，所以是不是对于短期的估值没有那么在意，更多看重长期的可持续性？

洪流： 可持续性就是一家企业的杠杆，可持续性越久，杠杆就越大。所以我的组合会买入可持续增长的企业。ROE的回报，是回报率的本质，而非表面。

有些行业ROE天然就很高，也有一些行业在格局优化后，龙头企业的ROE会提升。比如水泥行业龙头企业的ROE，在2014～2015年大量小厂关闭后，受益于竞争格局有所提升。还有一些企业报表中的自由现金流会突然转正，这往往意味着比较好的机会。今年一家电子龙头企业的股价，就在现金流转正之后，上涨了两倍以上。

朱昂： 你非常看重公司的质量，是不是只买好公司？

洪流： 好公司还是需要好价格。中国有一批公司的股价走出了当年美国"漂亮50"的特征，估值与成长的匹配度越来越差。值得警惕的是，当年美国"漂亮50"崩溃的时候，股价跌了很多，调整了若干年。所以不能单纯看公司好不好，还要看估值是否合理，风险收益比如何。

朱昂： 你持股周期很长，换手率很低，是不是放弃做择时了？

洪流： 我从公司经营者的角度做投资，做公司的持有人，而不会把公司看作交易的筹码。我很难在几个月之内看清楚一家公司到底经营如何，而是站在经营者的角度去看待公司的长期价值。

站在新时代的起点

朱昂：感觉你的投资风格属于需要长钱的模式，但是A股市场又是一个以短钱为主的市场，如何平衡来自客户的压力呢？

洪流：投资者会逐步成熟。机构考核机制偏重长期化和产品的封闭期设计，会逐步教育投资者，加速其成熟。我感觉高净值客户现在已经成熟了很多。真正好的投资人，未来可以服务优质的高净值客户。

未来有几个维度我会很关注，一个是产品的封闭期，另一个是客户对于产品的容忍程度。当然，产品设计也很关键，要关注投资者的适当性，将投资者的需求和我们的专业能力匹配起来。

朱昂：如何看待未来的市场？

洪流：A股是全世界少数高估股票和低估股票并存很长时间的市场。由于投资者结构不成熟，价值投资者能获得的Alpha是很大的。未来还会不会有那么大的Alpha就不一定了，大量机构投资者会进场。

我们看到现在系统性的无风险收益率下行，这是未来行情的起点。原来是资金市，股市牛短熊长。股市上涨受流动性放松的影响比较大，一放水就有通胀，然后被迫收紧。现在全球进入负利率时代，优质资产是稀缺的。

A股中的优质公司，放眼全球都是稀缺的优质资产。这一批优质股票的波动率，也在系统性下降。波动率下降，才会给持有人更好的体验。以前大家买房子赚钱，就是因为房价不怎么向下波动。

我个人比较看好被低估、未来具有分红潜力的地产和金融。比如几家房地产龙头企业，ROE 非常高，业绩成长性也很好，对应现在几倍的估值，这些低估品种未来几年上涨是比较容易的，而高估值品种要涨很多就比较难。

股市进入一轮新的行情，代表价值成长进入新时代。打破一个旧世界，才能建立一个新的投资世界。这个变化是不可逆的，是价值投资的红利。

投资理念与观点

▶ 一家企业的生命周期与企业文化以及天生禀赋相关。

▶ 管理层是企业的核心，很多时候一旦脱离了优秀的人，企业的价值就会出现变化。

▶ 我们需要从估值和壁垒的维度去理解生命周期。

▶ 在消费品领域，只要产品好，满足某一个细分人群的需求，就能赚很多钱，成为比较大的企业。

▶ 价值和成长是一体的，不是对立的。最经典的价值，就是成长的公司。

▶ 可持续性就是一家企业的杠杆，可持续性越久，杠杆就越大。

| 第 2 章 |

用预期收益率和时间周期看待投资

访谈对象：何帅

访谈日期：2018 年 7 月 2 日

  2018 年出现了 A 股历史上的第二个大熊市，那一年许多股票都跌了 40%~50%，股票型基金跌幅也在 25%~30%，但是何帅那一年居然没亏钱（亏损幅度在 1% 以内），惊艳了整个市场。更难能可贵的是，他不是通过降低仓位取得了这样的成绩，而是靠持有了一批抗跌的个股。事实上，2015 年下半年做投资以来，何帅就没有什么亏损的年份，即便在牛市他没有跑在特别前面，长期业绩也绝对靠前，拿遍了各项公募基金的大奖。

  何帅的投资风格非常朴素，他就是要绝对收益。他认为，如果能算清楚一个资产的长期收益率，那么价格高低就决定了长期预期收益率的高低。很显然，在可控的范围内，何帅肯定还是希望买得便宜。如果一家公司接近目标收益率，何帅就会换性价比更好的品种。

我认识何帅差不多是在2015年的下半年，他是一个比较安静的人。我们曾经一起调研过公司，他基本上就坐在那里听管理层的回答，很容易让人遗忘调研现场还有这样一个"明星基金经理"存在。从开始管理产品，到今天成为市场上知名度很高的基金经理，何帅没有发生任何变化，还是给人那种踏踏实实做事情的感觉。

当朋友需要帮助的时候，他会义无反顾地为朋友付出。记得几年前我和一家基金搞了一场线下活动，他们希望邀请一位基金经理来线下和持有人交流。我当时问他们：你们希望谁来？他们告诉我：何帅。没想到很快何帅就答应了，在一个周六特地从浦东赶到浦西。他和往常一样，安安静静地来到现场，和粉丝交流了一个多小时后，又安安静静地离开了。

生活中，何帅极其低调。如果我没记错，他甚至都没有做过一次直播，许多论坛的发言也没有去过，他的产品也很早就限购了。他曾经跟我说，他没有想要管理多大规模，就是希望兢兢业业把长期业绩做好，让持有人赚到钱。

这一次访谈发生在2018年，比较久远。今天的何帅相比当时，其投资框架在不断进化。毕竟，进化才能使一位基金经理有可能长期保持超额收益。

关键在于长期、稳定的价值提升

朱昂： 能否简单聊聊你的投资方法论？

何帅： 我的投资框架在 2017 年出现了一些变化，相比以前变得更加完整。过去我的投资框架就是做成长股，主要看公司未来的增长空间、行业的增速、公司在行业中的位置、市场份额、是否有卡位优势，等等。在对于当期的增长相对确定后，配合目前增速以及估值的性价比来做投资。或者用一个通俗的说法，就是 PEG 投资方法。当然，我不会简单去用 20% 增速对应 20 倍估值这种做法，我还要看行业属性以及行业自身的成长性。

但是这个方法在 2017 年上半年表现并不好，也引起了我的反思。我们发现市场对于行业和公司的估值定价出现了变化。这种定价不再简单地基于公司的成长性和估值匹配度，而是愿意给优秀的公司高估值，给不优秀的公司低估值。

我当时的反思是，过去我们是赚公司短期业绩增长的钱，但是现在我们的投资眼光要越来越长远。当一家公司没有增长了，或者到成熟期了，你怎么去看这家公司？这时候我们要思考公司的竞争力是否足够强，护城河是否足够深。

你需要看到一家公司的终点，然后再倒推回来，看公司目前所处的状态和竞争力。

朱昂： 也就是说，你给一家公司定价的估值体系开始变得更加完整？

何帅： 巴菲特说过一句话，投资很简单，但又不容易。我现在对这句话有了更加深入的理解。

我们拿地下停车位来举一个例子，可能会更加直观一些。假设我们买了一个小区楼盘的地下停车位，这个停车位售价20万元，每年租金回报有1万元。从投资收益率来看，也就是每年5%的收益率，非常简单清晰。从一个投资人的角度出发，如果你的收益率目标是5%，那么你就应该买这个地下停车位。这个停车位的回报可能是永续的，你可以把钱拿出来，也可以放在账户里不拿出来。这其实是一个很简单的投资案例，和我们今天看公司的内在价值增长是一样的。这是投资中简单的部分。

那为什么说投资又不容易呢？一家公司是比较复杂的，不像地下停车位那么简单清晰。我们需要分析未来这家公司能给股东带来多少价值上的提升，这个趋势的持续性如何。有些公司这两年的利润增长很快，但这是否就能代表公司的长期价值呢？这是不确定的。这就是投资中不容易的地方。以前市场更多从公司短期的业绩增长做价值判断，但现在大家越来越发现，短期业绩增长并不能完全反映公司的长期价值。

我们需要去研究公司长期的竞争力在哪里，能持续带来回报的概率有多高。这就像地下停车位一样，如果能够在未来几十年带来持续的租金回报，那么这个停车位的价值就会越来越大。

朱昂：所以其实你看公司的久期变长了，你现在看一家公司的价值会看得更加长远。可不可以理解成，其实你的投资方法论进化了一层，对于公司价值的挖掘比以前更加深入了？

何帅：我这几年的变化就是更深入理解了价值投资的本质。刚做基金经理的时候，我也会给自己贴一个成长股基金经理的标签。其实回头看，一家公司的终极价值和短期成长性的关系并不大。我们还是回到那个地下停车位的例子。假设未来几年的租金持续下滑，每年下滑几百元，其实对于这笔投资的影响或许并不是那么大。核心是，只要你购买这个地下停车位的租金回报贴现到今天能够覆盖你购买的成本，同时达到你的预期收益率，这就可以了。你作为投资人，并不需要每年租金都上涨。

这一点是对我投资框架产生巨大影响的部分。以前我看公司都是找20%增速以上的、行业空间足够大的。去年我开始投一些慢增长的股票，去年中期我买过两家"慢"公司，这两家公司在去年上半年的增速都比较慢，而且行业增速只有个位数。按照以前的框架，我是不太看这类低增速公司的。但后来我开始明白，短期的增速其实不是那么重要，更关键的是持续增长的周期有多长。如果能够在很长一段时间保持增长，估值水平也比较合理，那么我就可以去买。回头看，这两家公司给我带来了不错的收益率。

当你投过这些增长比较慢的公司后，再看那些增速比较快的公司就变得更加容易了。1月份成长股的调整给我们提供了一个非常不错的买点。

现在我的投资方法论更加贴近于价值投资。我不能说现在的方法论是成熟的。我也会犯错，方法还不能说完善。但是整体上我的投资框架越来越接近价值投资，这一点是不会变的。过去我的方法有很多欠缺的地方，通过一次次反思进行改进，这是我过去一年多最大的变化，我希望每年都能够不断反思和进步。

朱昂：教科书里价值投资的定义就是，你买入这个资产是基于其长期现金流的贴现。如果你能看到这个资产在未来10年、20年都有确定性的现金流回报，那么你就一定能够给出较高的估值。对应到你说的看公司更长远了，也是一样的道理吧？

何帅：我们再回到那个地下停车位的例子。如果这个地下停车位能够提供5%的无风险收益率，那么给多少估值是合理的呢？我认为应该给20倍甚至以上的估值，因为这个收益率有无风险的特征。当然，没有任何事情是百分之百没有风险的。这个小区可能出现问题，最终收益率会下降。

我们再回到前面说的优秀公司。我发现全球有一批龙头公司的估值基本上在20～30倍的区间，这批公司的特点就是比较稳定。有些公司这几年增长较快，有些公司前面几年增长较快，但整体上它们都能够长期、稳定地给股东带来价值的提升。这一点和地下停车位很像。

巴菲特说的价值投资很简单，就是简单在这个地方。但是价值投资不容易，在于每家公司又都是不一样的，每个生意都不一样，这需要投资者不断地学习和积累。

性价比取决于预期收益率和时间长度

朱昂：感觉过去一年，你对于公司价值的理解更加深刻了。那么能否聊聊2018年，你今年取得了百分之十几的收益率，其实在这个大环境下是很不容易的。在今年排名比较靠前的基金中，你的基金是极少数不是医药行业基金的产品。你是如何做到的呢？

何帅：其实每一年的市场都不好做。我是在2015年下半年接手做基金经理的，那一年也取得了比较不错的绝对收益。2016年有4%左右的绝对收益，2017年有大约14%的绝对收益，今年以来取得了10%以上的绝对收益。我从四个方面去看待这个问题。

第一，我做基金的出发点就是以绝对收益为目标。我不会去做配置，去跟随市场。我买的每一只股票、做的每一笔投资都以绝对收益为导向。这是我投资中最底层的东西。

第二，在风格上，我比较偏好确定性。我喜欢那种有80%的概率赚取20%收益率的品种，不喜欢有10%的概率赚10倍的品种。我不是很喜欢小概率、大弹性的投资。我偏好自己能看得清楚的领域。

第三，我比较看重安全边际，对于买入的价格有明确要求。我的基金的整体估值水平在以成长股为主的基金中并不高，一般就是20～30倍。组合里的公司的估值我都看得比较清楚，买入时有一定的安全边际。

第四，我是懂得卖出、获利了结的。还是地下停车位的例子，这个例子其实很说明问题。假设租金原来是一年1万元，但是有一天大家突然开始炒作停车位了，价格突然变成了100万元。这时候你发现这个停车位的隐含收益率只有1%，那就没有投资的性价比了，或许你买理财产品的收益率会更高。即使租金翻一倍，你的隐含收益率还是很低。这时候你在市场上做对比，发现有大量性价比好很多的投资机会，那么一个合理的动作就是把这个停车位卖掉。

当然有人会说，你怎么能肯定100万元就是最高点呢？说不定情绪一来，短期能涨到150万元。但那就不是价值投资了，而是投机。所以如果一家公司短期价格上涨了很多，透支了长期的隐含收益率，我就会做减仓甚至清仓的处理。

对国内大部分公司，我一般是看2～3年的收益率周期，极度优秀的公司，我看5～8年。所以我会很关注一家公司目前所处位置对应的隐含收益率。比如一家3年时间周期、60%隐含收益率的公司，如果短期上涨了40%，那么未来2年可能只有10%的年化收益率，风险和收益的性价比就不好了，我就会减持。对于很多品种，我都做到了落袋为安，这也是我净值回撤比较少的原因。比如2016年，我买的快递公司在很短时间内上涨了40%～50%，这时候我做了清仓处理。这个动作还是和你的预期收益率以及时间周期有关。如果你的时间周期是8年，那么短期40%～50%的涨幅肯定离你的终极收益率还很遥远，这时候你可能就不需要卖出。

朱昂： 所以你很看重组合公司的性价比？

何帅： 性价比是一种你思维中框架性的东西，不同人对于性价比的偏好、看法是不同的。这个框架最核心的一点就是你的预期收益率有多高，你能看多长时间。比如刚才说的快递公司，在我2016年卖出后，它今天的股价已经比我卖出时高出了15%。那么我当初卖掉这个动作到底是正确还是错误的？

首先，这家快递公司的股价在我卖出后上涨了15%。那么两年15%——年化7%的预期收益率是不是你接受的？如果你能接受这个收益率，那么持有到今天就是正确的。其次，你是否能容忍之后巨大的回撤和波动。

对于我自己来说，我的投资目标是超过年化7%的，同时我也不能容忍短期超过20%的最大回撤。我的年化收益率目标是

15%～20%，所以在我的框架中，卖出就是正确的动作。

当然，我现在最大的想法是，组合中有越来越多能看8年的公司。这样首先，我能看得更远，去思考得更深。其次，我也不希望短期波动对于组合操作影响太多。你看得越远，就能赚越多钱。当然，巴菲特把优秀公司的投资年限定在"永久"。

朱昂：国内的成长股由于变化比较快，一般2～3年为一个周期，但是现在你可以把周期拉得更长，看得更远？

何帅：我觉得这是一个结果。核心的变化在于，我以前更加偏向量的维度，或者说就是PEG。我看重一家公司未来增长多快，现在增速多快。但是现在我更偏向质的维度。这家公司可能增速比较慢，估值也很贵，但只要它的质量足够好，达到我的要求，就可以了。

如果公司长期竞争力很强，最后的结果就是你说的，我把投资周期拉长了，因为质量足够好。核心还是要把生意的本质和商业模式想清楚。一家公司的估值可能和今年的增速是20%还是30%没有关系，但是和公司的长期价值有关系。还有就是，一些进入成熟期的公司，其现有价值应该怎么测算的问题。成长股其实极度需要现金流贴现，因为现在是高估的，比较贵，但是五年后可能是极其便宜的价值股，这个时候是需要贴现的。

朱昂：感觉你的风险偏好不高。

何帅：我风险偏好不高，但做投资也不古板，只要有好的性价比。

朱昂：能否谈谈你组合的集中度？

何帅：我组合的集中度是比较高的。正常情况下有20多只股票，前十大持仓占比60%左右。我是不做配置的，我不是很喜欢成长股投资者这个标签。我以前买成长股比较多，因为我的能力圈和知识结构更加支持我去对这些高增速公司进行判断。还有就是中国的公司整体增速比较快，也让我投资组合中偏向成长类的公司比较多。其实我并不抵触那些零增长或者负增长的公司。只要给我一个合适的价格，我完全有意愿把这类公司买成我的第一大重仓股。

现在国内市场给了成长股比较大的机会，我们看到的一些大公司其实都是很年轻的。比如国内最大的体检服务公司，其实真正加速扩张是在2011年之后，到现在也就六七年的时间，在海外这属于很年轻的公司了。这种公司虽然可能有风险，但是后面能创造更大的收益。

守住能力圈，不博取风格

朱昂： 回到组合管理，你做自下而上的投资组合，不做自上而下的行业平衡，但是你风控做得很好，回撤很小。

何帅： 我不太做强硬的组合平衡。其实我自己都不知道组合里计算机、医药占多少。我的核心还是纯自下而上去做。当然，我会有一个极值的概念，比如某个行业占比如果超过40%，我就会警惕，但是占比在十几个点、二三十个点不会引起我的注意。

朱昂： 每个人都有自己具有竞争优势的行业，或者偏好的行业。你在行业上有什么竞争优势或者偏好？

何帅： 很多行业的研究是相通的，比如医药、消费、TMT，长久都是赚公司价值增长的钱。但是知识结构有差异，比如医药行业中的每一个药品都不一样，你需要一段时间的学习。所以医药行业中我喜欢单产品的东西、产品线不复杂的东西，这时你只要分析一两样产品的成长路径就可以了，你医药知识的劣势不会很明显。单产品的公司，比如生长激素公司、体检公司，都比较容易理解。但是有些公司的产品线很多、很复杂，那我就没有竞争优势了，因为这需要我投入很长时间去理解。

其他领域中，我研究TMT的时间比较长，消费和服务业也是知识结构比较好的。我会限定自己的能力圈，在知识结构比较好的领域中做投资。去年的保险、白电我一股都没有投，因为我在这些方面没有很强的知识结构，不是我不喜欢这些公司。我在研究上没有竞争优势，没有Alpha能力，不能比别人更深度地理解公司，这样的买入最终是赚Beta的钱。我在知识结构比较强的地方，胆子会更大，更加倾向于做左侧。

朱昂：感觉你懂得守住自己的能力圈，就像你说的保险、白电这种"核心资产"风格的，你就没有参与。

何帅：我不觉得其他人是在赚风格的钱，因为他们的认知比我深入。但是如果我去买，就变成赚风格的钱。其实去年保险和白电的业绩很好，如果我有能力分析，了解其价值和商业模式，我也会去重仓，可惜我能力不到。如果我看到它们上涨，跟随市场去买入，就变成了去博取风格的钱。

首先不要亏钱，才能持续为持有人赚钱

朱昂：能否再具体谈谈，你今年是怎么做到正收益的？

何帅：我没有刻意去做。首先，我有绝对收益思路，没有配置思路，我是自下而上选股的。其次，风控上，买入和卖出都是受控制

的。最后就是性格问题，我的价值观是希望持续为持有人赚钱。三年前从我管理基金开始，就是这个初心。长远目标是做一个优秀的投资者，积累更多优秀公司的模型。

我从来没有想过自己会跑到全市场的前面，我就是想一直为持有人赚钱。这个正收益，就是结果。

朱昂：所以买你产品的体验是很好的？

何帅：我尽量去避免高波动带来的巨大回撤，除非遇到大熊市。不要犯大错，不要去赌一个很大的方向，你只要小心翼翼地去选股，每一步都这么去做，基金整体净值就不会产生巨大回撤。你一定会犯几个错误，但这些错误不会致命。做投资先不要亏钱。你想 all in（即押上全部筹码）的话，你的思路就有问题了。你的心态失衡，就会造成高风险动作。

投资理念与观点

▶ 你需要看到一家公司的终点，然后再倒推回来，看公司目前所处的状态和竞争力。

▶ 短期的增速其实不是那么重要，更关键的是持续增长的周期有多长。

▶ 我喜欢那种有 80% 的概率赚取 20% 收益率的品种，不喜欢有 10% 的概率赚 10 倍的品种。

▶ 一家公司的估值可能和今年的增速是 20% 还是 30% 没有关系，但是和公司的长期价值有关系。

| 第 3 章 |

日拱一卒，相信时间的价值

访谈对象：唐颐恒

访谈日期：2020 年 8 月 30 日

唐颐恒是一个很容易让人爱上的女基金经理。她身上几乎有着所有正面的特点：积极、乐观、阳光、谦逊、热爱家庭、坦诚好学。第一次见到她，是在一个朋友组织的午餐饭局上。当时我正好做了一个音频节目《投资大师私房课》，讲解巴菲特、索罗斯、西蒙斯等几位海外投资大师的方法和故事。唐颐恒看到我，就像一个公众号的小粉丝，说她经常看我写的东西，很喜欢我的价值投资理念，一点也没有明星基金经理的架子。

我和唐颐恒之间的相识相知，要从两个很特殊的缘分说起。

第一个缘分是，发表唐颐恒访谈文章的时间，正好是我的生日，也是巴菲特的生日。那段时间，也正好赶上唐颐恒管理的一只成立时间很长的基金创下了 20 倍收益的纪录。这只传奇基金是公募基金历史上最被大家认可的产品之一，前两任基金经理如今已是上海两家大型基金公司的总经理。这只基金真正践行了价值投资，并且在几任基金经理手里实现了很好的传承。那天我和唐颐恒半开玩笑地说，我和巴菲特都是价值投资者，生日那天发她的访谈特别应景，因为她确实是我心中知行合一的价值投资者。

第二个缘分是，唐颐恒所在的基金公司曾举办了一个论坛，论坛上她做了一个主题演讲：大资管时代下的权益投资。这个演讲涵盖了资产配置、驱动因子、行业选择、个股选择以及组合管理等方方面面。我当时听完，就让我的实习生根据演讲视频写了一篇纪要。这位刚刚读完大一的纽约大学学弟告诉我，看了这个视频，把什么是价值投资搞懂了，这比学校老师上课讲的东西有用多了。

唐颐恒心态特别年轻，长得也很年轻，完全看不出已经入行15年了。她入行就加入了当时被称为"黄埔军校"的研究所做卖方分析师，后来又在保险公司做了多年养老金投资，在那里理解了如何管理大规模资金，对组合管理的认知也超越了市场上绝大多数人，在机构投资者中的认可度非常高。她告诉我，"日拱一卒"这句话是她送给儿子的，从中也能看出她的价值观：做人做事不要着急，只要方向是正确的，慢慢进步就可以。

和唐颐恒的第一次访谈持续了差不多4个小时，我们从早上10点开始聊，一直聊到快下午2点，中间简单吃了几口盒饭。但是和她交流，你会觉得时间过得太快了，对我们提出的问题，她几乎都有深入思考和细致阐述，信息量极大，真是让人意犹未尽。

她对每个问题都特别"较真"，一定要让你真正听明白，而不是泛泛而谈。很多公司的财务数据，她张口就来，就像一台超级计算机。讲到关键部分，她就"两眼发光"，还时不时拿出纸和笔，画几张图出来。几家医疗服务公司到底有什么区别，唐颐恒用同店增长指标说出了商业模式差异，让人觉得一针见血，而且她的观点许多医药基金经理都没跟我说过。还有讲到什么是周期成长股，她画了一个向上的直线和波动的曲线，分别代表长期向上的公司 Alpha 和经营周期。许多问题她都能抓住核心，从中也能发现她早已做过思考。

唐颐恒的个性很鲜明，对许多问题都能看到本质，而且表达能力极强。比如在说什么是真正的价值投资时，她就提到换手率是很重要的指标，而不是一个基金经理到底是买低估值的银行地产，还是买高估值的新兴产业。偏价值风格的基金经理，换手率大概率不会很高。

像组合管理这个问题，唐颐恒是说得最清楚的：为什么要行业分散、个股集中；什么样的股票买到前十大，什么样的股票不能重仓。她也提到，基金经理管理规模的提升，方法论能否匹配，是重大考验。她强调组合要有均衡思路，这是"唯一免费的午餐"，无论是行业均衡，还是风格均衡，都是组合层面的风控手段。过度集中、过度分散在她眼中都是极致的风险。

听她娓娓道来，我们不由得感叹，她真是市场中投资体系最完善的基金经理之一，无论是资产配置、组合管理，还是财务分析、个股研究，几乎没有短板，而且是一个能管理大钱的基金经理。第一次采访唐颐恒之后，我马上买了她的基金，你知道把钱交给她是一件靠谱的事情，让她管理我的闲钱，感觉特别放心。

还有一次让我印象深刻的接触是，几年前，复旦大学管理学院举办了一个基本面投资的比赛，唐颐恒是点评嘉宾之一，我正好也去了那个活动。在活动上，复旦大学的研究生会组成一个个研究小组，分工写几个公司的研究报告。在现场，唐颐恒对这些在专业人士眼中有些"粗糙"的研究报告，都做了很仔细的点评，而且每一个点评都落实到什么是价值投资、为什么要选好公司、如何选择好公司上。看得出，她特别希望同学们能比较早就接受价值投资理念。

平时，我也会定期和唐颐恒保持联系。她属于没事不太会和你聊天，但聊起投资又能聊很久的人。她的身上充满了阳光和正能量。我有好几个朋友都是唐颐恒的同事，对她评价也都很高。他们告诉我，唐颐恒真的很愿意把对投资、公司的理解分享给周围的人，她从来不觉得其他基金经理是竞争对手（虽然基金经理考核的就是相对收益的排名）。她真的希望大家可以一起做可持续的价值投资。

唐颐恒非常强调"时间的价值"，她属于那种把投资的"道"看得很清楚，也掌握了投资的"术"的基金经理。她身上既有女性基金经理的细致，也有超越大部分男性基金经理的抗压能力。最关键的是，她内心积极阳光，永远不会被外部压力打乱节奏。我想，她一定生活在一个充满爱的家庭氛围中，内心平静，充满安全感。

相信时间的价值

朱昂：你是怎么看投资的？

唐颐恒：我觉得投资的价值就是价值创造的能力，投资者价值创造的方法多种多样。从我的角度来说，我是相信时间价值的，这是我投资中最核心的部分。我觉得一个人的投资观、人生观、价值观是合为一体的。时间价值不仅仅是我的投资方式，也是我的生活方式。

时间价值的核心是方向，只要方向是对的，慢一些没关系。如果方向是错的，可能越努力就差得越远。日拱一卒，每天进步一点点，这就是我的价值观。慢即是快，我们研究时发现越是慢的变量，越是关键变量，越是对未来产生深刻影响的变量。

投资就是一个不断积累的过程，包括对公司的认知、产业的洞察和方法论的进化。我会有一个基本的研究框架，但并不代表这个框架是一成不变的，反而需要不断地优化和进步。此外，我认为方法论跳跃式变化很难，就像爬楼梯一样，我们能看到自己走到20层楼，但也是一层层从下面往上走的，不是直接坐电梯来到20层。

我觉得主动管理基金的不可替代性就在于对长期价值的理解和判断。我们看到越是短期高频的领域，量化相对主动管理就越有竞争力，而越是在长期需要洞察力的领域，主动管理基金经理的价值就越大。

朱昂：那么你的投资目标是什么？你如何围绕投资目标构建框架？

唐颐恒：我的投资目标有三个：①长期有超额收益；②超额收益可解释；③超额收益可持续。

我的投资组合都是围绕这三个目标构建的。在个股选择上，我希望站在高概率这一边，而不是高赔率。短期的收益会由市场风格和基本面决定，放到三年以上，可持续的业绩增长就是股票表现最重要的因素。市场风格是短周期的维度，而可持续的超额收益来自可持续的业绩增长。

我的投资框架是价值成长式的，看重可持续的业绩增长。因此，我研究的重心就会放在对公司壁垒的研究上。只有壁垒足够深的公司，业绩增长才是可持续的。

公募基金经理要获得可持续的超额收益，必须建立对优质公司的定价能力，这是我们的主战场。定价能力有很大部分需要对壁垒有深刻的认知。我们看到的那些耳熟能详的大牛股，其股价走势不是一帆风顺的。股价反复的过程考验着一个基金经理对公司定价的认知。

研究壁垒是把握业绩可持续增长的核心

朱昂：为什么你觉得研究壁垒那么重要？

唐颐恒：建立对一家公司壁垒的认知有三个好处：①当这家公司出现争议下跌的时候，你敢于买入；②当这家公司在持续上涨的过程中时，你能够拿得住；③你能够用足够大的仓位去买。最终的结果是：在优质公司上能够买得多、拿得久，甚至敢于做一些逆向投资。

拉长时间看，价值投资者的收益基本上都来自这些优秀公司的持续成长。价值投资者的换手率大多是较低的，收益的主要来源是持股而非交易。

我认为对于壁垒的研究是可以不断积累的。在从学校到工作那么多年的过程中，有许多书本上或者亲身经历的案例可以让我们不断总结。许多公司的壁垒都是有标准答案的，这些答案可以融会贯通。研究 A 行业的经验可以复制到 B 行业，研究的案例越多，基金经理对于公司壁垒的理解就越深。

况且，如果一个基金经理能把不同类型的壁垒研究透彻，他大概率就能管理比较大规模的产品，为更多持有人创造价值。否则，一个基金经理管理比较小规模的产品时业绩很好，到规模扩大之后，可能就会受到影响。

我喜欢对自己成功和失败的投资进行复盘，知道哪些地方是坑，以后就不要去踩坑。通过越来越多的经验教训总结，可以把自己获取超额收益的能力延续下去。

基金经理自己也是研究员，我的大部分时间都花在研究上。我觉得，一个优秀的基金经理是能够在投资的主战场有定价权的，能够建立对于龙头公司壁垒的理解。对这些龙头公司大家貌似都很熟悉，但很多时候我们对这些公司的理解还不够深入，需要常跟常新，不断比较优秀公司的商业模式和壁垒，形成穿透时间的洞察力。

建立对公司的洞察力是投资中很重要的点。对很多公司的定性判断做出后，最基本的投资判断就完成了，后续的跟踪只是不断验证和修正自己观点的过程。

我希望自己的组合就像一辆马车，前面有 10 匹很强壮的马持续往前跑。马车跑得慢一些没关系，但一定要持续往前跑，要有时间的价值。

朱昂： 你对壁垒有很深刻的认知，能否谈谈你会投资哪几种壁垒？

唐颐恒： 我总结了几种比较强大的壁垒。

第一，品牌壁垒。这是最强的，也是最稀缺的。品牌壁垒代表一家公司的定价权，通常会决定影响 ROE 的第一个要素：净利润率。具有品牌壁垒的公司通常出现在 To C⊖ 的行业。

第二，网络效应。许多产品之间的差异不大，那么就需要很强大的渠道能力，带来更强的规模效应，这通常会决定影响 ROE 的第二个要素：周转率。有些公司的净利润率不是那么高，但是周转率很高，也能带来很高的 ROE。

第三，成本优势。我觉得这是特别重要的壁垒，在无差别的工业品领域，得成本者得天下。无论是技术进步带来的利润率提升，还是规模和管理带来的费用率下行，最终都体现为较低的边际成本，这是非常强大的护城河。当一个行业有超越 GDP 增速的回报率时，一定会有大量的资本涌入，而低成本就成为保护高 ROE 的重要壁垒。在行业周期的起起伏伏中，只有成本最低的公司能笑到最后，赚到超额利润。我们看到，在全行业亏损时，很多制造业龙头公司仍然有利润，不但能生存还能扩张，假以时日，市场大份额必然是它们的。

成本优势是我非常看重的壁垒，我稍微展开说一下。比如此次疫情的出现带来了市场格局的重新划分，其本质就是一次马太效应。在疫情来临时，我对公司有三大灵魂拷问：①疫情结束后，这个行业的需求会不会消失？②疫情过程中是否有足够的现金流作为防御？③疫

⊖ To C 指面向个人消费者，也写作 2C。

情结束后，市场格局是否会优化？如果这三大问题的答案都是"是"且长期估值合理，那么疫情短期景气度受损的时候就是逆向买入优质公司的时候。

不仅在制造业，在消费品行业、金融行业和科技行业也是一样的，单位成本最低就是核心竞争力。成本优势有多种形态，比如金融行业里的银行和保险龙头，单位成本都是很低的；互联网行业里的一些巨头公司也都有流量成本优势；制造业里有一批"价格杀手"，成本也是很低的；还有操作软件领域的切换成本——别人要获得用户的成本是很高的，而自己的边际成本几乎为0。

从壁垒可以延伸到好生意，好生意的首要特征就是壁垒极强、边际成本很低。

朱昂：你研究壁垒的出发点，是为了了解什么是真正的好生意？

唐颐恒： 研究清楚一家公司的壁垒，才能真正给这家公司定价。普遍的定价模型有根据盈利增速的PEG模型和基于公司ROE的模型，这两种定价模型都需要研究清楚一家公司的壁垒。

PEG模型根据公司的业绩增速G给予一定的回报。但是这里面的问题是，这个G是不是可持续的？可持续增长其实和壁垒相关。假设公司的G只和行业需求有关，而在需求旺盛的时候会有竞争者涌入，那么壁垒不够高就会导致G不可持续。

ROE模型的核心逻辑是高ROE对应高质量的公司。事实上，投资一家公司最美妙的阶段是ROE提升的阶段。在这个阶段中的大部分时候，大部分人对于公司的感知度没有那么强，等ROE到了高位，却开始对公司产生兴趣。这时如果对壁垒没有深刻的研究，就有可能买在公司 ROE 的高点，接下来就可能出现下滑。理解壁垒，就能把握持续的高 ROE 投资机会。

我喜欢投资恒星，而不是流星。短期业绩增速没有那么重要，可持续性是最重要的。从 DCF 模型看，永续增长的部分对估值的影响最大。这也是为什么在我的投资框架中，对于壁垒的研究在第一位，其次是行业成长空间，之后才是估值以及行业景气度。

同店增长是渠道类公司的核心指标

朱昂： 你的框架最看重壁垒，但有些行业天生不容易产生壁垒，有些产品天生就是同质化的产品，会不会在选择个股时"偏科"？

唐颐恒： 不会的，壁垒对于每个行业都是一样的，真正含着"金钥匙"出生的公司很少。大家说消费品要建立品牌力的壁垒，可是真正有品牌力的公司是很少的。大部分消费品依靠的是网络渠道优势和规模效应的差异，渠道力比品牌力更重要。我们今天看到的品牌力，更多是竞争胜出之后的结果。

我喜欢把不同行业中商业模式类似的子行业放在一起看，做跨行业比较，这样能够比较明显地看出来哪个是更好的生意。比如消费服务行业涵盖了医疗服务的医疗美容、牙科、眼科、体检、药店，以及消费品服务的超市、家电卖场、零售门店。我们看到，消费服务这两个子行业的最大差异体现在一个核心指标上——同店增长。这里的同店增长排序是：医疗美容、眼科、牙科、药店、零售门店、家电卖场、超市、体检。通过这样一个比较，就能看到同为医疗服务，美容、牙科、眼科和体检是有差异的。眼科是好生意，同店增长快，而且不依靠医生，能够靠设备推动增长。同时在它的单店模型里，设备使用周转率是可以提升的，这是其他生意无法比较的优势，比如对有些生意来说医生的时间就是瓶颈。医疗美容虽然同店增长最快，但是对医生的依赖度很高，复制性较弱，市场集中度就很低。

当然，同店增长不同，也可能是因为行业发展处于不同的阶段。如果目前是要份额的阶段，就势必要用价格策略。若某一天龙头的份额足够高，也是可以在定价权上体现出来的，那时，我们从同店增长这个数据上也可以观察到。另外，低内生增长的公司，如果处于低基数阶段，外延增长可以持续到较高的水平，也是很好的投资标的。

通过比较，我们能够发现哪些是比较好的生意。我入行的时候是研究纺织服装行业的，当时发现服装中最好的生意是运动服饰，海外龙头公司起步的市场份额就是20%。而女装相对来说是一个比较辛苦的生意，最大的公司份额也不会超过1%，竞争永远是白热化的。

我最喜欢投资的生意是"大行业＋高份额"的生意，大概率能诞生长牛股。

朱昂：你提到的同店增长指标很有意思，能否再展开讲讲？

唐颐恒： 对于渠道类公司，同店增长是核心指标，是公司内生增长的原动力，从中也能看到不同子行业的商业模式本质。在前面提到的几类子行业中，为什么医疗服务的细分行业排名那么靠前？背后的原因是这个行业是买贵不买便宜的，属于通胀受益，而不是通胀受损。

我们看同店增长，可以分解出两个驱动力：价格 P 和数量 Q，总量就是 P 乘以 Q。那么，我们就从商业模式上找这两个驱动力的根源。对于 To C 的医疗服务，大家愿意用贵的，不愿意用便宜的，这会推动 P 的增长。还有技术驱动，也能带来服务品类的扩张和价格的提升。所以，医疗服务的同店增长主要来自价格的提升，用户数的增长反而是个位数的。

当然，我最喜欢的是 P 和 Q 齐升、双轮驱动的公司。

内生增长能力强的公司才有定价权

朱昂： 是不是内生增长才代表一家公司的核心竞争力，而不是从表面上看公司的业务规模和增速？

唐颐恒： 渠道类公司的增长分为内生的同店增长和外延开店扩张。在我的研究中，对渠道类公司我不只看收入和利润增速，还会把同店增长和外延扩张都分拆出来。我喜欢同店增速高的公司，也就是内生增长强的公司，因为只有内生增长才能带来可持续的现金流。内生增长比较弱的公司，为了维持较高增长，必须依靠外延式扩张，这可能会导致持续不断的投入、持续的现金流紧张、持续的外部融资、持续的低 ROIC，大概率不是好生意。一家公司内生增长的能力，体现了其是否具有很强的定价权。

我希望组合里好生意的占比更高，这样组合的韧性就比较强。

朱昂： 你前面提到通胀和通缩的逻辑，能否具体讲讲？

唐颐恒： 通胀逻辑就是价格能够不断提升的逻辑，比如消费品、消费服务、云端的 SaaS 服务、一些金融终端服务等，每年都在涨价。通缩逻辑的典型例子是电子行业，受摩尔定律影响，价格永远在下降，这种行业只能靠量的提升，背后对应很大的资本性开支，现金流会比较差。还有一些制造业行业，也是通缩逻辑，价格会不断下跌。但是价格下跌不代表没有好公司，我们更应该关注价格和成本曲线的变化，如果公司的剪刀差扩大，那就是非常优秀的，很多"价格杀手"公司的成长轨迹就是这样的。

在我眼中，行业没有高低贵贱之分，我们要把研究精力放在好生意和好公司上。我们做模型到最后就是拆解 P 和 Q。

朱昂：你喜欢买有定价权的公司吧？

唐颐恒：不仅仅是本身有定价权的公司，我喜欢买在产业链中占据定价位置的公司，比如白酒的定价能力集中在最高档的白酒品牌。中国有 700 万～800 万吨白酒，但真正的顶级白酒加起来可能就几万吨，其他厂商都要看它们的脸色。半导体我也研究过，这里面有芯片设计、芯片制造、芯片封装等。芯片制造是核心定价环节，最大一部分利润被这个环节占了。

有定价权的公司，会是整个产业链中最安全的公司。对于定价权的判断，定性比定量更重要。我希望能找到一批"永动机公司"，能够长久地给我的组合赚钱。

朱昂：你对消费品理解很深，如何看待一些产品类公司？

唐颐恒：许多渠道产品类公司有可能仅仅是流量品牌，容易成为"流星"。现在有一个新的趋势，许多产品类公司不做制造了，只做渠道环节和品牌环节。这样的话，公司基本上输出的就是运营能力了。

我比较喜欢产业链比较长的产品类公司，特别是形成闭环的公司，这样的公司韧性比较强，但坏处是管理难度很大。一家公司如果把长产业链管理好，那么竞争壁垒也是比较深的。这也是为什么我们看到一些原本商业模式比较轻的公司开始把自己的商业模式做重，这样公司的韧性才有一个根基。

既要好公司，也要好价格

朱昂：好行业、好公司、好价格似乎是一个不可能三角，你如何解决这个矛盾？

唐颐恒：我前面讲了很多什么是好行业和好公司，对于我来说，最好要有好价格。关于好价格，我有几个做法。

首先，对很多公司我会用DCF模型去做估值，DCF模型的计算其实不重要，重要的是一种思维方式。分子是自由现金流，决定了这个生意能否产生现金流，以及这个现金流的可持续性。DCF模型的另一部分来自永续增长是什么速度。DCF模型能帮助我理解公司的商业模式。

其次，好价格是会出现的，但必须要耐心等待，而且绝大多数是要逆向去买的。我说好行业的时候，很少提行业景气度。行业景气度会影响我交易的方式，我喜欢在行业景气度不好的时候逆向买入好公司，这时大概率能获得一个好价格。还有优质公司出现"黑天鹅"事件会给我们带来好价格。我的组合长期有部分逆向买入投资的仓位，逆向投资的前提是深度研究，对公司的壁垒有理解。

举几个例子吧。一个是在今年疫情出现时，我关注到国内免税的龙头公司。我当时提了三个问题：需求会不会消失？是否有足够的现金流？疫情结束后格局是否会优化？我自己的答案是，免税需求不会消失，公司的现金流很强，疫情结束后份额会提升。免税这个生意是有规模优势的，市场份额越大，品牌商给公司的品类越丰富，折扣也越大，公司的利润空间就越大。这个商业模式的本质是，最大规模能赚取最高利润。而在疫情出现后，中国的海外消费回流到了国内，帮助公司提升了市场份额。一旦这家公司从全球份额第三成为全球份额第一的免税公司，会带来更高的利润，对应更大的市值空间。

另一个是在景气低点发现优质公司的例子。2016年下半年，当时水泥行业处于五年下行周期，全行业处在亏损的时间段，但一些龙头公司凭借成本优势创造了壁垒利润。我当时认为，只要水泥需求不消失，当行业转暖时，就大概率会出现价值回升。

最后，我的换手率一直比较低，大部分时间都在做研究。我认为深度研究是为了少交易，而少交易是为了在关键时刻做重要的交易。

不参与没有 Alpha 的 Beta

朱昂： 你的组合里面还有些周期股，能否谈谈你是如何投周期股的？

唐颐恒： 这些都是周期成长股，公司竞争力很强，是有 Alpha 能力的。我不参与没有 Alpha 的 Beta，因为纯 Beta 是判断价格，这个是很难做的。我如果真的能精准判断周期品的价格，就去做期货投资了，所以我不投纯 Beta 波动的行业，因为我在上面无法构建自己的定价权。

这些周期成长股都能够在市场里把自己的份额不断做大。我一直偏好大市场和大份额的公司。许多公司对应的周期成长性行业，其实都是千亿级别的大市场，比如消费建材、机械、化工等。

我看一家周期成长公司，Alpha 是一条斜率为正的上升斜线，而 Beta 是围绕斜线上下波动的曲线，是螺旋式成长的。这些周期成长公司不断扩张自己的市场份额，享受的是不断向上的 Alpha，如果再叠加一些逆向投资，在 Beta 周期的底部买入，就可以享受 Beta 和 Alpha 双重收益。这里面的核心并不是判断 Beta，而是要把握公司自身的 Alpha 来源，归根结底还是要理解公司的壁垒。

这些公司大多是"沙漠之花"，它们不是在温室中长大的，竞争力特别强，很有韧性。中国有许多企业家精神都集中在"沙漠之花"的行业中，非常可贵。如果某个"沙漠之花"的行业又是一个大行业，且份额呈现收敛态势，那么大概率会出现超级牛股，享受时间价值。

组合中的 Beta 是可以管理的

朱昂：在组合管理上，你是怎么做的？

唐颐恒： 基金经理和研究员最大的差异就是组合管理能力。组合管理的核心是解决 Beta 和 Alpha 的问题。许多基金经理都是行业研究员出身，擅长追求 Alpha，而事实上许多时候我们的收益也来自 Beta。一个组合最后的收益等于 Alpha + Beta，Alpha 是可持续的，但是 Beta 可能在一个波动之后就把 Alpha"吃"掉了。那么管理 Beta 就很重要了，我认为有几个方法可以帮助我们解决 Beta 的波动问题。

首先，行业要相对均衡，分散是投资中最好的免费午餐。我的组合会尽量做到行业之间能够互相对冲，有医药和食品饮料这种逆周期的行业，也有制造业这种顺周期的行业。组合的均衡能够解决收益率的质量问题，再通过对公司壁垒的研究，解决收益率持续性的问题。我认为一个好的投资组合要可预期、可复制。

行业相对均衡还有一个好处，能够给一个基金经理纠错的机会。如果基金经理总是押注少数几个行业的轮动，那么在看错一两次后，就很难纠错了。我在单一行业上很少配置超过25%。在行业均衡的基础上，我不会担心对单一个股会不会持仓太重，重仓股出现Beta波动的时候，我就能够拿得住，从而集中更多精力去研究公司的Alpha。

我比较认同达利欧的全天候配置思路，虽然这是风险平价策略，不是股票策略，但是思想可以借鉴。当然这种方法要实践起来很难，关键是组合里面的Beta能够先做到中性，有互相对冲的功能。在我的组合里会同时有经济上行周期受益品种和经济下行周期受益品种，但权重有差异。行业完全中性很难，我可以承担组合里面的一些Beta，但会尽量避免负Beta，比如在某个周期行业的顶部重仓买入一个行业。在剥离掉大部分Beta后，就专注于个股的Alpha，这也是我认为自己比较强的领域。

其次，做一部分逆向投资。在组合里面长期保持逆向投资的仓位，能够帮我控制组合的估值水平。前面提到过，好公司还需要好价格，这个好价格很多时候就是通过逆向投资实现的。否则组合里面都是估值很贵的好公司，也很难做组合的回撤控制。

最后，我对组合的整体估值是有控制的。组合里会放入不同的行业，有些行业估值高，有些行业估值低，但组合整体估值可控。组合估值过高，波动就会比较大。

朱昂：组合估值较低，也能比较好控制组合的回撤？

唐颐恒：是的，组合的均衡和控制组合的估值，这些都能够有效降低组合的回撤。当然，和优质公司在一起、寻找高质量的证券，也是控制组合回撤很重要的手段。

讲到控制回撤，一个重要的出发点是基金经理的投资观。在管理公募产品之前，我管理的一直是养老金资产。这类资产是特别神圣的，是养老钱，需要深深的责任感。既然资本市场讲的是优化社会资源配置，我就应该把钱投给最优秀的企业家，通过他们创造的价值来获得超额收益。把钱投给有问题的公司就是毁灭价值。守正出奇，稳中求进，而不是剑走偏锋，这就是我对组合管理的理解。

治理结构不好或者价值观不正的公司，一定要严格回避。现金流不好的公司也要小心，这类公司商业模式很脆弱，容易在经济波动中出现问题。不要在差公司上浪费时间，要把时间用于研究优秀公司。买到一家财务造假的公司，不仅会伤害持有人的利益，也会影响一个基金经理的职业生涯。

超额收益 1/3 来自行业配置，2/3 来自个股选择

朱昂：你如何看待自己超额收益的来源？

唐颐恒：一个基金经理的业绩归因分析很重要。我做投资初期，

公司每个月都要给我们做归因分析，一开始觉得是一种约束，后来发现这已成为一种习惯。这就好比一面镜子，让一个基金经理看到自己真实的样子，也让自己时刻明白要"知行合一"。一个基金经理能获得超额收益的方式无非三种：交易择时、行业配置、个股选择。

我们绝大部分人是没有交易择时能力的，高频交易基本上是负贡献。我也不具备这个能力，所以交易择时我是放弃的。

从历史归因来看，我的超额收益大概有 1/3 来自行业配置，2/3 来自个股选择。我觉得个股选择的超额收益是主动管理型基金经理的核心价值，然而，每个行业都有阶段性的冷暖，没有什么行业永远都好。我通过把握一些未来表现比较好的行业，获得了一部分行业上的超额收益，特别是有时候的一些相对逆向操作，能够在行业底部进行布局，享受到 Alpha+Beta 的收益。

我认为一个好的基金经理的 Alpha 的来源会稍微多元一些，会更有持续力，如果 Alpha 全部来自个股选择，或者全部来自行业配置，Alpha 的稳定性有可能就会差一些。

朱昂：你是一个价值投资者，你会如何区分价值投资者？

唐颐恒： 投资有许多个性化的成分，每个人都不一样。我理解的价值投资是对公司建立持续深度的理解，用长期视角来看待公司价值，而不是把公司作为交易的筹码。

我自己的投资风格是：行业均衡、个股重仓、低换手。均衡对应剥离行业 Beta，重仓代表对公司有相对深度的理解，低换手是因为从长期视角做投资。

当然，做价值投资是需要外部条件的，包括管理资金的属性是不是足够长，资金"久期"越长，基金经理就越能做到价值投资。还有就是基金经理的性格、禀赋和经历。我自己的目标是做一个价值创造者，通过深度研究获得对公司的定价权。

投资是一个不断进步的过程

朱昂：许多价值投资者都很看重自己的能力圈，在一个狭小的能力圈里做投资，你怎么看这个问题？

唐颐恒：我觉得能力圈是需要慢慢扩大的，要不断优化自己的方法论，不能故步自封。我是消费研究员出身，最初几年做基金经理的时候，会每年多学习2~3个行业，慢慢扩大自己熟悉的领域。我对行业没有偏见，只要是能够持续产生现金流的公司，都是好公司。

我大部分时间都在做研究。我很喜欢看大公司的年报，就像看一本故事书，这是公司成长史，也是行业发展史。从它们的发展过程中能了解一个行业的兴衰起伏，理解行业的商业模式。特别是管理层讨论这一节，连续看5~10年，用管理层年初的战略和年底的执行回顾做对比，管理层能力差异便跃然纸上。

朱昂：在你的投资生涯中，有什么飞跃点或者突变点吗？

唐颐恒：我觉得自己在职业生涯的每一个阶段，都一步步通过积累，实现了投资能力的成长。我入行时是做卖方分析师的，当时看一个行业；后来到买方，把消费品其他几个行业的研究都覆盖了。2013年开始做全市场投资，每年都会学习几个新行业，慢慢就扩大了自己投资的能力圈。再后来学习组合管理，管理的资产规模也逐渐扩大。

整体来看，每年都会有经验和教训。我觉得总结和反思是很重要的，许多道理只有自己经历过才能明白。投资是一门手艺活，只有不断地打磨，你才会成为好的工匠。

投资理念与观点

▶ 时间价值的核心是方向，只要方向是对的，慢一些没关系。

▶ 建立对一家公司壁垒的认知有三个好处：①当这家公司出现争议下跌的时候，你敢于买入；②当这家公司在持续上涨的过程中时，你能够拿得住；③你能够用足够大的仓位去买。最终的结果是：在优质公司上能够买得多、拿得久，甚至敢于做一些逆向投资。

▶ 从壁垒可以延伸到好生意，好生意的首要特征就是壁垒极强、边际成本很低。

▶ 我喜欢同店增速高的公司，也就是内生增长强的公司，因为只有内生增长才能带来可持续的现金流。

▶ 有定价权的公司，会是整个产业链中最安全的公司。对于定价权的判断，定性比定量更重要。

| 第 4 章 |

享受复利的慢节奏

访谈对象: 劳杰男

访谈日期: 2018 年 8 月 8 日

在劳杰男的公司,大家都会亲切地叫他一声"劳老师",这个称呼源于他毕业之后留校做了一年的辅导员,可以说劳杰男天生就有一种"好为人师、愿意分享"的气质。我认识劳杰男要追溯到他刚刚加入基金公司的时候,当时他还是一名看大金融的研究员。一直以来,他的外表和性格就没什么变化,总是给人积极阳光的感觉。

在做了 5 年多的研究员之后,2015 年 11 月,正值 A 股大牛市的尾端,劳杰男在一个特殊的时点(非牛非熊的大波动市场)开始上岗做投资。那时,A 股市场流行对小市值互联网风口类公司的投资,但劳杰男一上手就坚持走在价值投资这条正道上。

劳杰男的投资方法看上去很简单,背后却蕴藏着极大的"精神力"和研究深度。他不是简单去买低估值的公司,而是长期持有估值合理、内在价值能不断增长的公司。他会持有低估值的银行，也会买估值较高的白酒，但是作为一个整体，他的投资组合中没有特别贵的公司。他的投资也带有一些逆向操作，许多公司到了特别便宜的价格，他就会进场买入，即便在 K 线走势图上公司股价还有继续下跌的可能。同样，一旦某家公司估值特别离谱了，他就会卖出，即便从走势上看股价可能继续突破。劳杰男买股票，从来不看图形，完全围绕公司的内在价值变化。

作为"80 后"，劳杰男很年轻，也很随和，一点也不像管理几百亿规模的"顶流基金经理"。记得有一次和他做了深度访谈，那次还有其他的媒体一起，劳杰男一口气讲了两个多小时，然后看了一下手表说，等下要去参加合唱团的活动（基金内部就像一所大学，有各种各样的兴趣小组）。他旁边的品牌部同事说："等下你还要和朱昂老师一起录一个视频，估计今天的合唱团你来不及参加了。"听到这句话，劳杰男就像一个小孩一样，满脸写着失望。从这一点，也能看到他对每一件事的认真程度。

那次我们后来一起录视频时，劳杰男不断强调"获得感"三个字。他说，其实许多基民买基金赚钱，和这只基金收益率多高关系没那么大，关键是这只基金不能在某个阶段跌太多。他说自己管理的基金，其实慢慢已经有了客户的口碑，任何年份都不会亏损太多，大家获得感就很强。

劳杰男管理的旗舰产品，是 A 股十年维度中最好的产品之一，这背后完全体现了复利的特点。几乎没有任何年份，劳杰男的市场排名特别靠前，但是拉长时间看，由于熊市亏损很少，其产品的长期绝对收益很高。巴菲特说过，投资的第一要点是不要亏钱，劳杰男把对安全边际的深度理解运用到了投资中，并且取得了非常好的效果。

电影明星高圆圆曾经说过：我终于理解自己只是一个普通的女孩。劳杰男用每年看似普通的业绩，实现了非常优异的长期收益。从与他的访谈中，我们能够体会复利的"慢节奏"，并且喜欢上这种投资方式。

以每年15%～20%的长期复合收益率为投资目标的投研框架

朱昂： 作为中生代基金经理代表，能否先讲讲你整体的投资框架？

劳杰男： 投资中最核心的问题是设定投资目标。我的投资目标是追求稳健的投资收益，同时跑赢我的基准。过去我只是追求稳健的投资收益，但是在牛市中可能会跑不赢指数。所以在这个基础之上，希望每一年都跑赢基准。对于短期的排名，我看得不是很重。只要你能实现每年15%～20%的收益率目标，长期的收益率一定不差的。投资目标是最高层的价值观指引，在此之下我投资的做法主要有三条。

第一，行业相对均衡。这也是张总㊀一直强调的。行业均衡带来的好处每一年都能看到，东方不亮西方亮。不足之处在于，极致市场环境下的业绩弹性不足。比如2017年如果你配置了很多白酒，排名本可以非常靠前。但均衡配置和我们的投资目标是吻合的，不需要去追求极致的收益。像今年在医药上的配置贡献就非常大，虽然过去几年它拖累了组合。

第二，组合自下而上选股的特征非常明显。几乎全部的超额收益都来自自下而上选股。关于选股，我也分几点来说。

首先，我的仓位基本不太动，保持在一个稳定的水平，不太会做择时。

㊀ 指张晖。

其次，因为行业相对均衡，所以收益基本上来自精选个股。

最后，我对个股的安全边际看得非常重。我持股相对集中，也就30只左右。在向下安全边际有了保证后，再看向上的弹性。基金组合的风险收益比就来自个股的风险收益比。有了安全边际后，再去看收益的弹性，这是我非常重视的部分。

第三，逆向投资和左侧交易。我会更加偏向左侧去思考，因此组合会比较偏向做左侧交易，右侧做趋势不是我的组合的强项。比如去年四季度我配置了地产股，今年一季度很快就兑现了；再比如前一段时间我加仓了金融股，也得到了兑现收益。另外，因为基金的管理规模在持续有机增长，我对组合整体的流动性也会给予更多关注。

朱昂：能否谈谈你选股的方法？

劳杰男：个股选择基于我们内部的讨论，分为四大类——稳定价值、稳定成长、高速成长、周期股。在我的组合中，第一类和第二类占比最大。有些公司介于成长和价值之间，比如某安防行业的龙头，很难分清楚它到底是稳定价值还是稳定成长，但你能看清楚这是不是一个稳健的公司。我们会从公司的市场空间、行业格局、竞争优势去分析。这类稳健的公司是我的组合的基石，也是收益的重要来源。

投资这类公司基本上可以赚取业绩增长的钱，有时候还有估值提升的钱。我非常重视盈利的确定性和持续性。有些公司一两年高增长没问题，但是持续性会很差，比如一些设备类公司。

朱昂：也就是说，你会看重一家公司增长的久期？

劳杰男：的确如此，这类公司风险补偿低一些，市值贴现回来是很高的。稳健类公司盈利的持续性一定要高，稳定性也非常重要。

朱昂：对除稳健类公司以外的其他公司，你怎么看呢？

劳杰男：高速成长类公司我也买，如果买对了，收益率会很高。大部分十倍股都出自这类公司。但我们最怕的是兑现不了的伪成长股。许多股票都是概念。

对于高速成长类公司，我的要求是很高的。我对0到1的公司很谨慎，我的组合里1到N的公司多些。0到1的公司一旦兑现不了，跌起来很快。

我对偏高速成长股票是很苛刻的。我可以错过，但不能做错。我做的毕竟不是一级市场投资，而且我的组合的投资目标不是去博取高收益。

对于偏周期类公司，我也是非常严苛的。许多公司都会出现交易性机会，这往往来自市场情绪。我的组合在选入这类周期股时会非常严苛，比如我买一些化工股，会通过行业整合的逻辑来弥补我难以判断周期节奏的缺陷。

朱昂：你的底层收益率目标决定了你的组合特征，那么从你的框架和看公司的角度，你是偏向绝对收益的思维比较多吗？

劳杰男：相对收益是拉长时间去看的，我不希望通过短期放大风险去博取收益。有时候我会错过涨幅，但是也会避免较大的跌幅。组合收益率弹性不会那么大，但是会享受到时间的复利。

收益来源：低估值的均值回归和优秀企业的持续增长

朱昂：你管理的基金叫价值精选，你是如何去定义它的？

劳杰男：股票收益的来源无非两种。第一种是均值回归。银行股、地产股、券商股等股票跌多了，反映的是过度悲观预期，一旦条件缓和，就会出现估值上涨。均值回归在价值股中出现比较多，典型的如地产股，强周期已经过去了，但是在跌很多后会出现价值的回归。

第二种是有价值的股票，享受业绩持续增长的收益，回归到本源就是赚取现金流的钱。

朱昂：基金经理的性格和产品的匹配特别重要。

劳杰男：是的，这点非常重要。基金经理的性格、风格和产品特征的匹配很重要。我原来的性格就是偏向价值投资，而且又是看金融股出身的，所以一直以来我组合里面的金融股都是基础配置。

银行股是非常好的价值股，ROE有15%，扣掉分红后每年的PB越来越低，净资产增厚非常明显。每年赚取银行ROE的钱，也基本上达成了我的投资目标。银行股从0.8倍PB上升到1倍PB，就有25%的收益率。

许多人对于银行股有偏见，其实不应该这样，对于不同属性的公司应该分类去看。成长股就应该有成长股的投资逻辑，价值股就应该有价值股的投资逻辑，周期股又对应周期股的投资逻辑。最大的错误是用成长股的方法来看价值股。

在投资方法上，对于不同类型的公司，也需要进行匹配。掌握了四类不同公司的投资框架，我对全行业都会客观地去看，不会偏好某个行业，持股相对均衡。

朱昂： 银行股例子说得很好，你是看金融出身的，对金融股的认知有一定的竞争优势。

劳杰男： 在沪深 300 里金融股的权重有 30%。从基准出发，金融股的研究和投资是非常重要的。我过去看了那么长时间金融股，有一定的认知。现在金融股选股越来越偏向自下而上选股，不像以前 Beta 属性大一些，现在通过选股已经有 Alpha 了。

由于认知上的竞争优势，金融股在我的组合中占据了比较大的比重。

朱昂： 前面说你的组合也就 30 只股票，组合又相对均衡，是不是每一个行业持股数量也不多？

劳杰男： 我的组合是相对均衡，不是绝对均衡。有些行业我基本上不做配置，比如军工、钢铁等。有些行业把握度不高，偏向博弈的，我就不会买。

整体行业上的低配和高配都会有一些，但行业层面贡献不大，主要收益来源是个股的选择。

个股挖掘来自团队智慧以及对公司竞争力的理解

朱昂： 你的收益率基本来自个股选择，那是如何把那些最好的个股挖掘出来的呢？

劳杰男： 这首先要感谢团队的智慧。我们有比较成熟的研究框架，不同类型的股票都有自己的框架。我自己也管研究，深刻体会到了团队智慧的重要性。个股的挖掘、投资，包括风险管理都很重要。

我们团队内部每周二和周四都会开个股讨论会。所有的研究员和基金经理，只要在，都会参与进来，对投资标的进行深度讨论。我们有很强的分享文化，通过集体的智慧，帮助大家更全面地了解一家公司的基本面、竞争力、风险点等因素。单个人的视野是片面的和不完整的，通过深度交流，你会发现有些自己觉得还不错的公司是有瑕疵和风险的。

其次是自身的理念和框架，将其结合到选股中很重要。这个理念和你的投资目标、组合构建是分不开的。我不会偏好某一类股票，我会从全行业去看。这个强调深度研究和独立判断，好公司大家都能看到。某个银行龙头股，许多人觉得好，但是大部分人就是要等到足够便宜才愿意买。

在投资中我会有自己的独立判断，不受市场的影响。最终无非是在好公司里面，挑选出合适的标的和价格。大家其实都能挑选出好公司，但是怎么把这些好公司构建成一个组合，以什么价格买入，也是很重要的。

市场是非常有效的，一家公司的收盘价每天看都是合理的，但长期看又不一定是今天的价格。比如某个调味品龙头，从上市到现在一直是40倍估值，估值一直都很合理，没有被绝对低估过，但是在这个过程中市值从几百亿元上涨到了几千亿元。这里面就包括你对公司长期竞争力、持续性、壁垒等的理解。

对于公司估值的判断不能刻舟求剑，价值投资不是画一条线。

朱昂：所以，对于估值的真正理解，源于你深入研究了公司的长期竞争力，那对于你说的某些优秀公司的估值长期很贵该怎么看呢？

劳杰男：一定要想清楚盈利能力的持续性。有长期竞争力的公司，短期表现可能一般，但长期不会差。我可以容忍某些公司暂时不带来贡献，只要对于公司的盈利能力有很强的判断，那么估值稍微高一些是没有关系的。我们看WACC、风险补偿、市盈率，其实是一个结果。

你对盈利能力持续性是可以看清楚的。一家公司的竞争优势、护城河、管理团队，都是可以判断的。在这个基础上，只要盈利能力的持续性很强，那么估值短期贵一些也是可以容忍的。

有些人总是说，市盈率20倍以上的公司都不投，这是有问题的。你一定要判断公司的盈利可持续性。盈利能够持续增长的公司一定有估值溢价，长期看全世界都是这样的。

好公司大家都能看到，但是有没有想清楚，你投他是赚什么钱？你要明白你赚什么钱。如果你想赚时间的复利，那么除非估值高得特别离谱，否则其实估值适当高一些也可以的。

我越发觉得，对于盈利能力持续性的判断非常重要，里面有很多研究的点。公司盈利增长能持续下去，从时间复利的角度看，收益会很可观。这也是我强调的精选部分。

朱昂：关于公司的时间复利你说得非常好。

劳杰男：一家长期可持续增长的公司，其股价长期的涨幅是非常惊人的。这又回归到了对于公司基本面的判断。我的投资框架强调一条——挑选高质量的公司。高质量的公司是复利的来源。

给投资者带来复利增长，避免出现较大回撤

朱昂： 我们再谈谈风险部分，你说过对于组合的风险收益比是很看重的。

劳杰男： 一个组合如果要追求复合收益，其实最怕的就是某一年跌幅特别大，一下子复合收益率就没有了。

你看国内的基金产品，每一年都有涨幅很大的基金，但是五年翻倍的基金很少。五年翻倍理论上就是年复合收益率15%~20%。为什么五年翻倍的基金那么少？这就是对风险的考虑不足。我不会去追求某一年表现特别好，但是之后回撤很大。我不想去冒这个风险。

我希望我的组合，任何时候买，都是赚钱的。我宁可慢一些，最终享受时间的复利。一直以来我对相对排名看得淡，我希望持有人任何时候买都能赚钱。虽然慢一些，但是毕竟是权益类资产，整体表现还是很好的。

我不追求短期的排名，目标就是让投资者长期赚钱。用一种善意的策略做好事、买好的公司，最终结果不会太差。你要赚时间的钱，用一种很正的方法，不要和坏的公司为伍，不要用坏的方法。

市场进入专业时代，止损止盈都从专业出发

朱昂： 你如何看待A股目前进入的机构投资者时代？

劳杰男： 现在A股进入了一个分化时代，机构投资者对公司的定价会更有优势。散户在研究上是没有什么竞争优势的，可能一只股

票涨了10%就卖了。但是机构投资者不会，机构投资者会看企业基本面而不是短期涨跌。

不要老想着止盈，你可能会错过很伟大的公司。不要看重蝇头小利，止损和止盈都是需要专业判断的，这也是机构投资者的优势。

朱昂：说到止盈和止损，你是如何做买卖决策的？

劳杰男：主要有三个因素导致我卖股票。第一，到了我的目标价，估值很贵；第二，横向比较，有更好的选择；第三，通过深入研究和跟踪，发现我判断错误了。

基于不同类型的公司，买股票会有不一样的操作。首先，对于稳健的公司，会从基本面出发，估值淡化一些，更多从盈利能力的持续性出发。有些公司商业模式很好，格局也很好，估值稍微贵一些也能容忍。我会淡化静态的估值，更多看动态估值。其次，对于高速成长的公司，我一定会想清楚落地的可能性。有些公司故事很大，但是无法落地，那我一定不买。对于公司的持续跟踪、经营判断，都是很重要的。

朱昂：对不同类型的公司进行分类是一种进化。

劳杰男：你一定要知道不同类型的估值方法。比如有些周期股，你用PEG⊖去估值，就是不对的；有些股票，就是会均值回归。一定要分清楚，不要混在一起。一定要清楚赚什么钱。

朱昂：很多投资者做不到那么全面，他们只能掌握某一类型的股票。

⊖ PEG即市盈率相对盈利增长比率。

劳杰男：这就是能力圈的问题，要扩大一些能力圈。对我来说，要不断进化，扩大能力圈对我非常重要。我一开始是这么定位的：对所有行业，都不排除。对不同行业，想清楚逻辑，分别赚什么钱。如果你只懂一种类型，是很吓人的。

保持对投资和组合的新鲜感，良好的心态是知行合一的核心

朱昂：不同公司有不同属性，因为懂得分类，所以你看公司很客观。

劳杰男：客观很重要，千万不要打标签。行业相对均衡，幸福指数很高。如果我买50个点白酒、50个点医药，我肯定睡不着。涨的时候你很欢喜，跌起来其实很吓人。

投资心态很重要，就怕动作变形。每天爱死自己的股票、恨死自己的股票，都是不好的。亚马逊创始人贝佐斯非常重视 Day One——不忘初心。每天对组合保持一种 Day One 的心态，才能与时俱进。

朱昂：从你的投资方法论看，其实你的组合容量会比较大？

劳杰男：我的方法可以有比较大的容量。其实很多海外基金的规模都很大，这对于收益没有特别大的影响。我一直对个股流动性考虑得比较多，对组合流动性考虑得比较多。有些股票成交量小，我会很谨慎。总体上说，价值投资的容量是比较大的。

朱昂：如何看待你目前的换手率？

劳杰男：我的换手率属于中等，我会刻意保持组合的新鲜度，会有

一定的个股更迭，不会常年放着组合不动。有时候做逆向投资，意味着涨多了就要卖。但我整体换手率不会很高，因为我不会做交易、赚差价。

朱昂： 你的投资心态如何？

劳杰男： 我喜欢读书，喜欢集众家所长，不忘初心很重要。当你遇到困难时，用心想想你坚持的原则是否发生偏离，这是对我的投资比较重要的影响和启示。很多道理都相似，但做的时候，会变形。有些时候，就怕承担很大压力，心态会不好。知行合一是最重要的。

投资理念与观点

▶ 我们最怕的是兑现不了的伪成长股。许多股票都是概念。

▶ 对于高速成长类公司，我的要求是很高的。我对 0 到 1 的公司很谨慎，我的组合里 1 到 N 的公司多些。

▶ 我对偏高速成长股票是很苛刻的。我可以错过，但不能做错。

▶ 对于偏周期类公司，我也是非常严苛的。许多公司都会出现交易性机会，这往往来自市场情绪。

▶ 成长股就应该有成长股的投资逻辑，价值股就应该有价值股的投资逻辑，周期股又对应周期股的投资逻辑。最大的错误是用成长股的方法来看价值股。

▶ 高质量的公司是复利的来源。

| 第 5 章 |

不断对安全边际打补丁

访谈对象：赵晓东

访谈日期：2019 年 5 月 13 日

  认识赵晓东要追溯到 2012 年，当时我还在外资投行做机构销售，他是我的客户，我们经常交流各种观点。赵晓东是一个"70后"，当年就已经是基金公司的领导，但是他为人非常随和，没有架子，讲话也很实在。记得有一次我去访谈他，他居然给我买了好几杯奶茶而不是咖啡，他说："你大热天过来辛苦了，喝点。"从这个细节上，也能看到他内在的年轻和随和。不过和许多老基金经理一样，赵晓东在交易时间还是喜欢看看盘面，除了对基本面有理解之外，也能够在市场的交易面感受到脉络。这一点和新一代基金经理不同。

  年纪大的基金经理还有一个特点，就是胆子比较小。一般经历了几轮牛熊后，胆子会越来越小，毕竟看多了身边朋友炒股票破产的事情，开始明白守住收益就是长期复合收益的来源这个道理。赵晓东骨子里一直是一个很保守、很看重安全边际的人。不过早期的时候，他对安全边际的理解可能更多停留在估值上。记得2012年他业绩特别好，重仓的银行、白酒、地产都表现很好。2013年发生了白酒股的塑化剂风波，同时低估值资产表现很差，倒是高估值的创业板开启了一轮三年的大牛市。那一年，赵晓东的业绩排名非常靠后，但这也给他的投资生涯带来了一次飞跃。

自那之后，赵晓东把安全边际的投资思维进行了迭代，不再仅仅依靠低估值作为安全边际，持仓的行业分散度也更高了。

一直以来，赵晓东就是一个保守型的基金经理。在过去十几年的投资生涯中，他一步步完善了保守型的投资框架。他认为，投资目标永远不会改变，一定要想着不能亏钱。历史上，他在熊市和震荡市的表现都很好，即便大牛市业绩稍微有些落后，但是拉长看收益率很高，是A股市场长期业绩最好的基金经理之一。

我为什么要访谈赵晓东，并且把他的访谈放在本书里面呢？A股市场很奇怪，一直是后浪把前浪拍死在沙滩上。许多从业年限很久的基金经理会逐渐淡出视野，而年轻的基金经理很容易在短期内成为明星。赵晓东是市场少数的"70后"明星基金经理，他确实是踏踏实实围绕安全边际来投资的，而且还在迭代投资方法。其实他的那套方法，也很适合个人投资者，关键是一种安全边际思维：做投资，先要想着不亏钱，才能赚到钱。

五维选股，践行价值投资

朱昂： 能否说说你的投资框架？

赵晓东： 我这个人天生不是很聪明，投资框架其实是比较传统和简单的。投资框架的建立，首先要感谢我过去的几个老领导和老同事，包括我们原来的首席基金经理张晓东、投资总监朱国庆。

张晓东对我的影响是，长期持股。他买的股票持有周期很长，换手率比较低。朱国庆对我的影响是，他的研究很细致，对于公司的挖掘非常深。他们的投资体系可持续性比较强，从他们身上我学到了很多，也逐步开始完善自己的投资框架。

还有一件事对我完善投资框架的影响很大。2013年的时候，我业绩不太好，当时买了许多白酒，认为它们整体估值很低。然而那一年市场正好向新经济转型，白酒的基本面也因为之前的高库存和反腐，表现不太好，最终我亏了8%。这个教训对我启发很大，之后我做投资就不会去做行业配置，不会持有过高比例的单一行业，而是以个股选择为主。

我的性格偏保守，在选择个股的时候非常看重安全边际，可以说安全边际是我投资理念的内核。

朱昂： 能否说说安全边际在你的投资框架中是如何体现的，包括你对安全边际的理解以及是如何一步步迭代的？

赵晓东： 最初的安全边际基于估值，后来也做过一些其他类型的安全边际投资。比如2015年买过一些有"壳价值"的股票，但是2016年"壳价值"破灭，又被市场教育了一下。一次次挫败让我做了系统性的思考，从而建立了今天的五维选股方法。

第一，管理层识别。公司管理层有没有战略眼光、执行力，对于公司的发展很重要。尤其是对民营公司，人的因素是非常重要的。我主要从四个方面去看一家公司人的因素：眼光长远、前瞻布局、激励到位、执行力强。

那么如何对这些方面进行画像呢？我们会基于人的因素，对一家公司进行360度调研，包括管理层见面交流、竞争对手调研、供应商下游客户调研，甚至是公司内部员工访谈，从方方面面了解公司人的因素，而不是董事长说什么就是什么。

第二，业务识别。我们会看公司的商业模式是不是好，竞争壁垒是不是足够高，公司本身是不是拥有护城河。好生意赚钱是比较容易的，坏生意赚钱就很难。公司有护城河，别人要复制你的模式就很难。研究下来发现，To C 的生意，赚钱就比较容易；To B[一]的生意，赚钱就比较难。许多 To B 的生意其实没有什么定价能力，基本上就是基于成本再叠加一点点毛利来定价，包括电子元器件、汽车零部件，人家一般给你 20% 的毛利率就很不错了。

所以我们会偏向于 To C，对 To B 就会比较谨慎。当然，To C 也要看竞争格局，竞争格局好的，定价权就比较大。定价能力是我们看业务的核心。

第三，估值识别。与传统的市盈率和市净率相比，我们会更加看重经营现金流。经营现金流占利润的比例，能说明一家公司的经营质量。公司的经营现金流非常重要，以现金流去做一部分估值，能反映这家

[一] To B 指面向机构客户，也写作 2B。

公司的长期竞争力。还有一点是公司的 ROE，ROE 在 15% 以上的，估值给得高一些。相反，ROE 比较低的公司，估值可能就要折价。

第四，可持续发展能力识别。这里面比较重要的是财务是否稳健，资产负债率怎么样，有没有大的财务包袱，公司的研发投入是否在行业处于领先，最后就是公司的销售能力是否足够强，这里面包含公司的渠道能力、品牌力等。

第五，风险识别。最重要的风险是现有模式会被颠覆。一旦未来三年有模式被颠覆的风险，我们就不会买。比如去年集中采购对化学药行业影响很大，行业从原来的 To C 模式转向 To B 模式，我们觉得模式有被颠覆的风险，于是就不买化学药行业了。此外，还有政策风险，涉及一些政策相关度比较高的行业，比如房地产、新能源汽车。

朱昂：那么你是如何基于五维选股方法进行个股选择的呢？

赵晓东：我们从这五个维度分别打分，然后再基于不同持股周期进行权重的分配。如果是中短期持股的，我们会对估值看得比较重；如果是中长期持股的，我们会对人的因素看得比较重。持有时间长，估值高点是会被消化的。

我们很难选出百分百完美的公司。有些公司很好，但是估值不便宜；有些公司估值很便宜，但是业务模式比较一般。

好公司的魅力在于长期

朱昂：这个分是由谁打出来的？

赵晓东：我们的流程是，研究员先做深度报告，在报告中把分数先打出来。里面有些部分是可以量化的，比如资产负债率、财务数据。有些是定性的，比如对于人的判断。基金经理会和研究员进行讨论。最终的分数是我们投研团队一起讨论出来的。对最后进入核心股票池的公司，大家基本上都有比较统一的观点。

朱昂：也就是说，只有通过充分讨论，并在公司打分上达成一致，基金经理才能开始买入一只股票？

赵晓东：是这样的，基金经理在买入股票时不会过于随意，不会主观判断。原则上，基金经理前十大重仓的股票，打分都应该在 3.8 分以上。得分较低的公司，就不能进入基金经理的前十大重仓了。

当然，我们不会因为打分越高，就持越大比重的仓位，因为每一个基金经理的持股周期、组合构建都是不同的。我们的要求是，自己股票池里的都是好公司，基金经理要购买各个维度都比较好的公司。拉长看，你会发现好公司对组合会有很大贡献。

朱昂：公司的大小会怎样影响你们的决策呢？

赵晓东：现在，小公司我们会买得少一些，这类公司还没有证明自己，而一些大公司已经在长期的发展中证明了自己。对这些小公司的管理层，我们需要时间去验证。

我们内部开发了一个财务评估模型，对于一家公司的研究，我们会先进行财务情况的扫描，看看公司是否有财务上的可疑点。如果没有，我们才会用五维分析框架进行分析。

构建组合的核心：不赌单一板块和方向

朱昂： 说完了选股方法，我们再聊聊组合构建。你是怎么构建组合的？

赵晓东： 组合上我会相对分散一些，管理的偏股型基金前十大重仓股占比在 50% 左右，单一个股持仓一般不超过 7%。组合内的相关性会比较低。你不能搞一堆地产金融，一旦政策发生变化，会对净值冲击很大。我们的模型选出来的公司相对而言都是龙头。

当然，我不想光买龙头，也会选一些细分行业中比较靠前的公司。我还比较喜欢在大家不太看好的行业里面找一些公司。我不喜欢我的组合变成龙头股风格，虽然这几年因为外资进来，这些公司表现很好，但背后还是有一些风险的。

朱昂： 你这么做的原因，是不是希望组合所呈现的风格也是分散的，不希望某一种风格对组合的影响太大？

赵晓东： 的确如此，我不希望组合里面股票的风格都是一致的。虽然我是一个很看重估值的人，但组合里也不会全部是低估值的股票。一般我组合里有 2/3 是价值股，1/3 是成长股；行业之间的相关性也很低，有金融和消费，也有医疗和科技。

当然，相对来说，我还是喜欢估值低的股票。这些股票短期有比较强的安全边际，当然长期还是看基本面，就算你短期判断错了，也有一定的保护。

我以前也选一些成长股，后来发现许多成长股都不靠谱。而且成长股估值很高，一旦双杀，会跌下来很多。

投资目标：先力争不亏钱

朱昂：你的投资目标是什么呢？

赵晓东：其实从个股选择的角度看，我是很看重绝对收益的。你看我选的公司，基本上都是安全边际比较高的。这些公司未必要有多少上涨空间，但是它们首先要尽可能不亏钱。当然，你不可能每一只股票都不亏钱，但是我们选股的思路是从这个角度出发的。

然而，从组合的角度看，我不可能构建出一个绝对收益的组合，毕竟我们的产品合同有最低的仓位要求。

从本质上看，我还是以绝对收益为目标。我不会因为一家公司有相对收益但没有绝对收益就去买。有些公司的估值很低，我会看分红率，比如银行，你就是赚ROE的钱每年也有15%左右，也是非常不错的。

朱昂：过去四年，你每年都跑赢了基准，而且无论一年、三年还是五年，你的同类排名也很高。除了这些框架，你认为取得如此业绩最重要的点是什么？

赵晓东：我觉得核心还是买得便宜。这几年市场整体波动比较大，不算很好。我的产品在市场不好时，往往跌得比较少，在市场上涨的时候，又能跟上市场，拉长看表现就比较不错。但是碰到2015年上半年这种大牛市，我肯定是跟不上的。不过我的产品回撤比较小，在市场调整之后，往往就表现得比较好。

朱昂：你讲到了一个关键点，就是回撤，你的产品波动率是比较小的？

赵晓东： 是的，我的产品的波动率比较小，我比较看重回撤。很简单，如果你亏了 10%，涨 11.11% 就能追回来。可是你回撤了 50%，就要赚 100% 才能追回来。我是希望自己的产品能持续创新高的，跌下来越多，你要追回来就越难。

朱昂： 从客户的体验看，客户能否赚钱和产品波动率的关联度比较高吗？

赵晓东： 是这样的。有些人买的产品波动很大，最终回撤很大，客户看到跌了就吓坏赎回了。其实不如稳健一些，慢一些没关系，方向正确就行。

朱昂： 你的波动率相对较低，是不是和你构建组合的思路有关？

赵晓东： 一方面是组合整体的估值偏低，另一方面是组合中公司的相关度比较低。组合里面的个股特征不能都是一样的，否则一旦有风险，会对你冲击很大。

通过错误持续优化

朱昂： 这套体系你是什么时候开始用的？

赵晓东： 我自己用的时间比较长，并且在一次次失败的教训中优化。其实每一个基金经理都有失败的教训，也有彷徨的时候，不可能所有时候你都和市场风格相匹配。

2013 年我在市场的排名比较差，这件事对我冲击很大。当时我买的股票都是低估值的白酒。回头看白酒占我仓位的 50%，占比太高了，这让我决定以后坚决不会在单一行业持仓过多。另外，当时白酒的基本面确实有问题，景气度其实是向下的。

吃了很多亏以后，我不断优化自己的投资方法论，知道了自己的能力圈和弱点。我现在也不买强周期了，因为历史上买强周期的基本上没怎么赚过钱。

前几年还流行去买赛道好的小市值公司，我也吃过亏。当年买过几个很好的赛道里面的小市值公司，但是最后发现管理层的能力不够强，所以我之后在系统里面加入了人的因素。一个完全竞争的市场，对人的要求很高。

一个基金经理做好投资，必须要有鲜明的风格，不能漂移。但这不代表墨守成规，也要不断优化你的投资体系。这是一个不断"打补丁"的过程，每一次大的错误，都会让你把体系优化一遍。

朱昂：你有没有对你的超额收益进行过归因分析？

赵晓东：我的超额收益大部分来自个股选择，行业配置和其他因素的影响比较小。还是那句话，你去买那些有足够安全边际的公司，长期的超额收益是很高的。这些公司你拿的时间越长，超额收益就越高。

我不做仓位上的择时，有时候会在价值股上做一些交易——如果它们的估值上来的话。

如果你把风险点隔离掉，不要买到"雷"，也不要买到估值上有风险的公司，那么在安全边际的保护下，长期收益在中国就不会很差。

朱昂：你怎么看外资进入中国对投资的影响？

赵晓东：外资整体还是喜欢买它们能够理解的行业和公司，比如一些大消费行业的龙头公司。这些公司的价值长期被低估，在外资进入之后，价值确实出现了回归。但是A股还是有一大批低估值的公司，外资也未必完全能够理解。所以我认为，外资进入对于真正的价值投资不会产生冲击，市场上依然存在大量价值发现的机会。

朱昂：你做了那么多年投资，也算是二级市场的"老人"了，为什么至今还是保持了很高的热情？

赵晓东：如果你每天都研究市场，每天都想为什么这些股票会上涨，为什么自己的股票没有上涨，你就会很疲惫。长期这样，就会厌倦市场。我不会每天都关注市场，不会每天都去想自己的净值表现。我更关注如何中长期跑赢市场。

我的好奇心会驱动自己每天去做一些研究，我喜欢思考公司的本质。其实无论是市场还是公司，都是人性的反映。我会尽量剔除主观的部分，留下客观的判断。

投资理念与观点

▶ 一次次挫败让我做了系统性的思考，从而建立了今天的五维选股方法。第一，管理层识别；第二，业务识别；第三，估值识别；第四，可持续发展能力识别；第五，风险识别。

▶ 我不希望组合里面股票的风格都是一致的。虽然我是一个很看重估值的人，但组合里也不会全部是低估值的股票。一般我组合里有2/3是价值股，1/3是成长股；行业之间的相关性也很低，有金融和消费，也有医疗和科技。

| 第 6 章 |

价值投资的实质重于形式

访谈对象：丘栋荣

访谈日期：2019 年 10 月 21 日

第一次认识丘栋荣还是在 2012 年，那时他是食品饮料分析师，我是机构销售，我的主要工作就是把我们的研究员和研究报告输出给他。

栋荣比较内向，言语不多，偶尔对一些消费品公司会有犀利的观点，但大部分时间比较温和。这也是他和其他基金经理不同的地方。基金经理一般都是出色的研究员，许多人在做研究员时，就能让他人感受到他们很强的研究深度和与众不同的见解，他们往往也有很强的个性，但这些特点在栋荣做研究员的时候没有很突出。

不过他确实有一点和其他人不一样：对于海外资产管理公司的投资做法很感兴趣，无论是公募基金还是对冲基金。这个特征也延续到他之后的投资上。我做销售的时候，经常会翻译一些海外大师的故事和投资笔记，栋荣是我最忠实的读者。有一次翻看他的朋友圈，最早转发的文章不少是我写的。

2014年下半年，栋荣上手做基金经理。当时是小盘股横行的年代，你一谈价值投资，就输在了起跑线上。栋荣从做投资的第一天开始，就一直在坚持低估值策略。他一上手买的都是当时估值最低但质地最好的大盘蓝筹股，包括格力电器、中国建筑、中国平安、海螺水泥等。

果然，价值会迟到但不会缺席。2014年底，出现了一次风格切换，大盘蓝筹股在最后两个月大幅上涨。2015年上半年垃圾股暴涨，但是之后低估值公司呈现了很好的防御性，栋荣一战成名。2016年，栋荣在开年熔断的行情中获得了正收益，自此拿遍了各大奖项。他的基金的机构投资者认购占比一度在90%以上，被称为"机构的真爱"。

栋荣对于投资流程极为重视，即便之后独当一面，他也延续了之前的投资流程。他一直提倡，真正体现基金经理专业能力的地方，就是投资流程。就好比打牌，输赢结果由运气和能力决定，不能说赢了就一定水平高，水平高低体现在如何打牌这一过程。栋荣也一直提倡可持续和可复制的业绩，而只有稳定的投资流程，才能带来稳定的投资业绩。

对于低估值策略，栋荣有着极其深刻的理解。可以说，低估值策略就是他的信仰。当然，低估值策略不是简单去买看上去估值最低的股票，这样投资毫无疑问过于简单了，只需要按市盈率从低到高做个排序就行。栋荣希望买到从未来看被低估的股票，这就需要深度的研究和个股挖掘，看清楚公司的商业模式和发展方向。

在许多人都开始淡化估值的今天，栋荣是另一道风景线。他坚信低估值一定代表较高的预期收益率，高估值一定代表较低的预期收益率。从与他的访谈中，我们能真正理解，为什么价值投资看上去很有效，但是做的人永远是少数派。

价值评估的基础是保守的

朱昂：您如何看待价值投资呢？

丘栋荣：投资界是一个进化的系统，意味着很难有一个简单的系统长期有效。进化的系统会让一种简单策略的超额收益迅速消亡。但价值投资的底层价值观和思想始终是有效的、值得去学习的。其中最重要的概念有三个，第一个是投资和投机的关系。什么叫投资？首先，对这个资产进行深入、审慎的专业分析。其次，要确保研究的可靠性，这个保证要求是很高的。最后，我的本金和预期回报是有保障的。符合这三个条件，才是投资。除此之外的行为，都是投机。为什么价值投资看似简单，做起来难呢？因为价值投资本身对于技术的要求是很高的。

第二个概念是内在价值的定义，这对我个人的影响比较大。我的投资策略叫"原教旨主义价值投资"，一定要关注资产本身的现金流和价值。巴菲特的导师格雷厄姆更加极端一些，他考虑的内在价值来自资产、股息、票息，或者显而易见的价值。这是很保守的假设，没有太多、过于浮夸的预测在里面。

第三个，也是最重要的概念——安全边际。大家觉得安全边际就是要有折扣，价格上的折扣能够带来安全。但是我觉得安全边际更重要的地方，不是你能以5元买到10元的内在价值，而是对于不确定性、风险的要求。内在价值和定价基于保守的假设，你认为的10元内在价值可能是有问题的，这是更重要的，而不是折扣本身。

很多投资者把价值投资定义成逆向投资。一只股票跌了很多，是不是能买？按照我们的标准，不一定，因为你的定价基础不一定是正确的。关键在于，价值评估的基础是保守的。

朱昂：价值投资最吸引您的地方是什么呢？

丘栋荣：对我个人最有吸引力的一点是实质重于形式。一定不要被表面的东西所迷惑，无论是价值、安全，还是回报率，都不要被迷惑，而是要看到背后的实质。比如，债券分类很多是基于形式的。对于格雷厄姆来说，他把优先股定义为债券；而反过来看一些可转债，实质是股票。我们在评估一个东西的时候，不能简单地从表面上去看。我们评估成长股、价值股、周期股，不是简单看标签，而是看背后真实的现金流、回报率。

价值投资有效，恰恰是因为它并非一直有效

朱昂：您觉得低估值策略长期有效的原因是什么呢？

丘栋荣：为什么价值投资在中国效果非常好呢？为了防止大家混淆，我说的价值投资是低估值策略，这更符合格雷厄姆的思想，也就是一定要买得便宜。

为什么低估值策略长期来看都是很有效的？背后的原因是什么？其实一个重要的因素是，这个策略和风险相关。大家始终认为烟蒂股的风险是比较高的，没有那么耀眼。恰恰是这个原因，烟蒂股的价格比较便宜，导致的结果是低估值策略隐含回报率比较高。

我认为对于风险的假设是有问题的。市场认为低估值的品种有风险，但是其实大家对于未来的评估可能太过于主观。其实能够以很便宜的价格买到风险比较小的品种，是因为你是在周期底部——没有

人关注的地方买的。反过来，那些最火的品种，风险反而是高的，结果其盈利能力是周期性回落的。格雷厄姆认为，对于趋势性很好的股票，应该以十年的平均水平，对其盈利进行保守的评估。

这个想法其实争议很大，我个人认可这个思路背后的逻辑，但线性外推是很危险的。在A股和海外市场，用一个简单的策略，永远买估值最低的那个类型的公司，长期看回报率是很高的。如果我们能有风险识别能力，进行风险调整、周期调整，可能我们的风险会更小，回报率会更高。我们做过详细的归因分析，A股市场最好的单一因子就是低估值因子。

刚才说了，A股和海外市场长期是非常有效的。过去几年，大家说价值投资回报率很高，这样的声音越来越多，但是我们的研究结论与此是相反的。过去几年其实是价值策略和低估值策略表现比较差的一段时间，A股过去两年表现也不好。现在大家所说的价值投资更多的是费雪的成长股投资策略。

大家讲巴菲特是85%的格雷厄姆加上15%的费雪，但其实费雪占比更大。巴菲特受芒格的影响很大。芒格说，要用合理的价格买入优质的公司。这个方法我个人是很认可的，但这个不是格雷厄姆的方法。

典型的就是那些表现最好的成长股，比如Facebook、谷歌等。在中国，表现最好的是阿里巴巴、腾讯、茅台。这些都不是典型意义上格雷厄姆喜欢的标的。更极端一些，按照格雷厄姆的标准，最显而易见的投机行为在过去10年里表现是最好的，就是买梦想。这一点恰恰证明了为什么价值投资长期有效，但做的人很少。因为这个策略不是永远有效的，有效性是有不确定性的，是受很多外部环境影响的。

我还想说的是，什么时候价值投资无效？这种无效性的背景是什么？为什么做价值策略的 GMO[①] 过去几年业绩很平庸，但我依然会选择把钱交给它？这就要说到宏观背景。现在的宏观背景和 1929 年的宏观背景很类似——科技创新，高速成长，宽松货币。

首先是科技创新，技术导致传统的公司的风险被压制住。

其次是高速成长，这是风险因素，使得均值回归一直没有发生。

最后，也是最重要的，宽松货币，这指的是流动性和利率环境的变化。在过去 10 年的宽松流动性环境下，利率水平降到了历史最低位，导致的结果是当我们做现金流贴现的时候，久期长的远端部分的价值会大幅上升。而这一部分价值恰恰是格雷厄姆认为最不应该考虑的，因为远期价值最不靠谱，你怎么知道 10 年后会发生什么呢？

低利率环境导致市场给这部分价值非常高的溢价。久期越长的资产，溢价越多。然而，久期最长的资产，是现在不赚钱、在烧钱的资产，这是格雷厄姆最不会买的资产。更重要的影响来自交易层面，低利率环境催生了大量投机性交易。大家的交易基于一个很简单的逻辑——后面有更多的钱进来。比如，在风投领域，大家会认为 B 轮估值比 A 轮更高，C 轮会比 B 轮更高，IPO 了还会觉得后面有人接盘。

从中国来看，过去表现最好的资产是房子。房子的现金流回报是很差的，用格雷厄姆的眼光看，是很难满足预期回报的。那为什么房子涨得那么好？其背后的逻辑是，后面有源源不断的钱来接盘。在极端情况下，现金流是零的资产会表现得很好，比如古董完全没有现金流，美国的 SaaS 企业完全没有现金流，但是表现得很好。这背后有

[①] 美国的资产管理公司。

很重要的宏观原因。

做价值投资有效的原因，恰恰是因为价值投资并非一直有效，这也导致参与的人没那么多。

过去两年低估值策略表现是不好的。今年表现最差的指数是什么？上证红利指数，是估值最低的指数。甚至巴菲特和芒格表现最好的资产也不是格雷厄姆型的资产，而是费雪型的资产。

要回归原教旨主义价值投资

朱昂： 我们知道，您比较提倡回归原教旨主义价值投资，为什么呢？

丘栋荣： 我从三个层面分享自己的想法，第一个是怎么定义原教旨主义价值投资，第二个是为什么要回归，第三个是怎么做。

第一，怎么定义原教旨主义价值投资。满足我们预期回报的东西要全部来自资产本身的现金流，而不是来自交易。这是我们对价值投资最原始、最基本的定义。比如买房子，你的预期回报应该是基于房租现金流的。你花 1000 万元买一个房子，你判断 1 年的租金回报是 20 万元，那么你的预期回报率就是 2%，不是基于后面有人以更高的价格把这个房子买走来判断的。基于交易的策略，我们把它定义为投机性策略。

能满足我们的预期回报，或者超过我们的预期回报，那一定要满足一个条件——便宜。还用前面的例子，如果你希望提高回报率，需要怎么办？只能是买房子就买得便宜，如果你用 500 万元买房子，那么20万元租金的回报率就是4%了。

第二，为什么要回归原教旨主义价值投资。一个最重要的原因是时代背景。为什么费雪的策略在过去30年那么成功？因为背后是长达30年的利率下行。中国也是类似的情况。时代背景带来的是高速成长，改革开放后的中国是高速成长的经济体。更重要的原因是利率持续下降，那么估值贵一些没关系的。

过去10年最成功的投资人是谁？能够募到最多钱的投资人。从公募基金角度来说是被动投资ETF，从私募机构角度来说是孙正义。他们的策略肯定不是价值策略，而是极端的买梦想策略。

显而易见，为什么我们今天要回归？因为这个时代可能已经结束了，无论是中国、美国还是全世界。

我们看几千年历史和几百个国家，这个环境是罕见的——高速成长叠加利率水平的下降。在这种极端环境下，采用费雪和芒格的那种策略是很有效的。反之，这种策略是不是有很强的普适性呢？我觉得不一定。如果你不是投美国，而是投了俄罗斯或者日本，那么这种策略就是不好的。在这些国家，低估值策略的有效性是很高的。

成长股策略的成功是有偶然性的、有风险的，未来不一定会这样，因为增长背景和利率背景都发生了变化。

中国面临的重要背景，就是我们的人口和结构和之前相比发生了很大变化。时代背景发生了变化，我们很难像过去那样，买到少数高速成长的公司。

说到中国就是三个方面——增长、利率和人口。线性外推过去的成长股成功模式，可能是非常危险的。

宏观方面我们不是专家，我们参考桥水基金达利欧的观点，他认为我们现在的环境和美国 20 世纪 30 年代的环境非常相像。我们都没有经历过真正的大萧条、经济的大波动。这种大的衰退，在历史上发生的次数很少。中国在高速增长的背景下，不要说衰退，增速明显下滑的时间都很少。

第三，我们可以怎么做？要坚持价值投资，而不是投机。投机能成功，是因为后面有人给你接盘。但后面的钱越来越少，人也越来越少。投机思维是广泛存在的，比如我们买房子的思维、许多人买股票的思维，甚至许多 VC/PE 的投资思维。我们现在一定要回归到资产本身。

不要太相信确定性，要相信不确定性。对内在价值和安全边际的要求要足够高。我们评价的基础要包含足够多的可能性。不确定性会变得越来越大，不要太依赖我们所认为的确定性。我经常举一个例子：长期来看权益资产表现都是很好的，你只要能够长期投资，就能获得很高的回报。这种想法有风险，因为这是一个巨大的幸存者偏差。那个数据是美国的数据，其他国家不是这样的。如果 100 年之前，你投的不是美国，而是阿根廷、俄罗斯，就不是这样的。大家的潜意识认为我们是下一个美国，有可能是，有可能不是。这个潜台词是，一定要考虑各种各样的不确定性，不要线性外推。

过去我们看到的好资产有两个特征。第一是收益高，比如美国的股票、中国的房子、日本的债券。关键是第二，波动非常低，基本上没有什么回撤。中国的房子过去基本上不回撤，基于房子的理财产品都是刚性兑付的。我们想说，这种结果不是常态，而是罕见的。这背后隐含了未来的危机或者风险来源。这种低波动会带来大量的杠杆，这种杠杆我们看不见。再比如收藏茅台，高收益、低波动、不回撤，那这种资产用杠杆是最好的。房子也是如此。但杠杆会带来巨大的未来风险。

我们一定要看背后的实质是什么。对于完美的资产，要看背后是不是高风险。

我个人认为，风险最高的资产可能是波动最低的资产。比如P2P在崩溃之前波动是很低的，庞氏骗局在崩溃之前波动是很低的。2008年美国著名的麦道夫诈骗案，在崩溃之前波动就是很低的。关键要看实质是什么，这个资产是否足够好，是否能够实现刚性兑付。

所以回过头来，我们要相信什么呢？我们还是要回归到一个最本质的最原教旨的思路上来，一定要关注事实和逻辑。我买这个东西，到底它背后的东西是什么？在一个非常极端、非常保守的假设下，它会怎么样？应该还是要回归到最原始的价值投资上面。如果这个事情的逻辑发生变化的话，过去的数据也就不具有参考性。

这也是为什么价值投资的壁垒其实很高，它是非常专业化和技术化的东西。做价值投资的人很少，其实是因为这很难做。关于技术上的细节，我就不展开了。

朱昂：您能最后给大家做个总结吗？

丘栋荣：我们应该相信的是最保守的、经过专业审慎研究和评估的、有严格标准的假设。在这样的基础上，能够保证我们本金和预期回报安全的策略，才是我们的投资策略。

这意味着什么呢？首先，我们要非常认真、非常辛苦地去做工作，评估不同的场景，看不同的东西到底怎么定价。其次，一定要有足够的保护，不能是夸夸其谈的，不能是随意的。最后，为了保证本金和预期回报的安全，要做足够的管理。

价值投资过去几十年的表现是非常好的，但是过去几年的压力是很大的，包括我自己尊敬崇拜的好几个价值投资大佬，过去几年的业绩也压力非常大。那么在这个背景下，为什么我们还要重新回归到价值投资呢？因为我们所处的时代背景可能发生了变化，过去的高速增长叠加利率下行可能走到了尽头。用达利欧的话来说，我们可能和20世纪30年代的美国很类似了。

不要太多地依赖历史经验，尤其是过去10年的经验。因为过去10年的经验可能不具有什么代表性。我们要想一想事实是什么，逻辑是什么，应该在事实和逻辑的基础之上，坚持我们最保守的评估，可能相对来说我们会是安全的。这种低风险的策略可能有机会获得还不错的回报。

投资理念与观点

▶ 安全边际更重要的地方，不是你能以5元买到10元的内在价值，而是对于不确定性、风险的要求。你认为的10元内在价值可能是有问题的，这是更重要的，而不是折扣本身。

▶ 一定不要被表面的东西所迷惑，无论是价值、安全，还是回报率，都不要被迷惑，而是要看到背后的实质。

▶ 我们评估成长股、价值股、周期股，不是简单看标签，而是看背后真实的现金流、回报率。

▶ 能够以很便宜的价格买到风险比较小的品种，是因为你是在周期底部——没有人关注的地方买的。反过来，那些最火的品种，风险反而是高的，结果其盈利能力是周期性回落的。

| 第 7 章 |

做有大局观的逆向投资

访谈对象：程洲

访谈日期：2019 年 10 月 28 日

    看上去没什么白头发的程洲，已经在这个行业超过 20 年了，管理基金的年限也超过了 13 年，他笑着告诉我，自己的职业生涯基本上完全伴随着中国资本市场的发展。2000 年大学毕业后，程洲就进入了券商研究所，之后进入基金公司做策略分析师，并在 2008 年的大熊市上手做基金经理。从经历上看，他有两个很鲜明的特点：做过策略分析师，在投资中有很强的大局观，自上而下的能力比较强；熊市入行做基金经理，而且遇上的是 A 股历史上最大的一次熊市，这让他在之后的投资中比较谨慎。

    从投资理念上看，程洲奉行的是比较朴素的价值投资，他不太喜欢去人多的地方，偏好从趴在底部的股票中寻找好的投资机会。他坦言，许多股票的大底部他都买过。他 2000 年入行，见证了几轮周期，相信周期的力量，认为均值回归是大多数行业的普遍规律。

历史上程洲有几次投资操作给我留下了比较深刻的印象。一次是2014年，上半年的市场一直是小市值的垃圾股在涨，程洲重仓的低估值地产股在2014年的前十个月表现不太好，一直被市场蹂躏。程洲坚信价值一定会回归，果然，在2014年最后几个月，低估值的大蓝筹股集体暴涨，他那一年的业绩很好。还有一次是2015年下半年，第一轮暴跌后市场出现了很大的反弹，我当时和他通电话，他坚定认为市场没有跌完，从估值角度看泡沫巨大。果然，之后市场又出现了几轮暴跌，而程洲一直坚守在价值股中，那一年的业绩也不错。

许多人在某种市场泡沫趋势加强的过程中，会失去自己的信念，而程洲是那种真的能坚持自己信念的人，他确实发自内心地相信价值回归，也愿意付出时间等待。

过去几年，程洲的投资体系也出现了一些进化，主要表现在两个方面：首先，他的行业分散度在提高。虽然2014年依靠重仓地产股获得了非常好的业绩，但过程确实煎熬，他之后决定再也不在单一行业持仓太多，如果真的看错了，风险巨大。他的个股集中度也不高，大部分重仓股占5%左右，即便看错也不会对净值带来很大的损失。

其次，他避免在衰退的行业做投资，他的逆向投资必须和大局观相结合。如果有些行业已经处在生命周期中的衰退期，那么即便价格在底部，他也不去买。他认为逆向投资不是刻意和市场对着干，而是自下而上挑选出有性价比的公司。性价比自然建立在市场定价错误的基础上，从结果看就有些逆向特征。

我觉得程洲的逆向投资方法非常值得我们学习。许多人对于逆向投资的理解比较浅，认为一定要买被市场抛弃的品种。市场大部分时间是比较有效的，许多被市场抛弃的品种真的就是垃圾股，不能买。也有一些人专门喜欢对抗市场，这会造成很大的心理压力。我们不应该为了逆向而逆向，本质还是做价值投资，寻找定价错误的品种。

投资最关键的是独立思考，不能因为股价涨了就看多，股价跌了就看空。通过自己的认知，找到有价值的公司。真的有超额认知，才是做逆向投资的基础。

更加看重行业的成长性

朱昂：能否谈谈你是怎么看待投资的？

程洲： 我大学毕业后就做了这份工作，从来没有转过行，到今天为止做了 20 年投研。我觉得人人都应该掌握一些金融知识，包括投资，这对于人生规划很有帮助。投资不仅是一种理财方式，更是一种思维方式，因为投资能反映出一个人的价值观和性格。要把投资做好，就要去克服一些人性的弱点，这是一种修行。

朱昂：做了 20 年的投资和研究，能否谈谈你的投资框架是如何演进的？

程洲： 我选股的标准主要有三个。首先，我会选择行业龙头，基本上就是行业中排名前三的公司。选择行业龙头并不等于选择大市值的公司，有些行业比较小，即使是全球的龙头，市值也并不大。而像金融、能源这种很大的行业，不是行业龙头的公司，市值可能也很大。其次，我会很关注自由现金流这个指标，希望找到能持续产生正向自由现金流的公司。这至少能帮我规避掉一些财务造假的公司，历史上 A 股市场中财务造假的公司，我都没有买到过。最后，我会买估值偏低的公司。在 A 股市场长期维持高估值很难，我喜欢买相对被低估的公司。

现在和以前相比最大的变化是会关注行业是否还有增长。我是看策略出身的，对于行业基本上没有什么偏好，过去我做投资的时候行业分散度很高，基本上所有行业中的优质公司都会买。现在相比过去，整个经济增速发生了很大的变化。在经济高速增长的阶段，几乎每一个行业都是成长型行业。像今天已经衰落的零售行业，在我入行做基金经理时也有15%～20%的增长。投资是一个概率问题。在衰落的行业中，即使再好的公司，大概率也难以逆转行业向下的问题，所以我现在更加注重行业是否还有成长性。在好的行业中做投资，赚钱的概率更大。

朱昂：也就是说，和过去相比，你现在会更加关注行业是否和这个时代的背景相契合？

程洲：是的，投资是做大概率的决策。虽然在一些衰落的行业，由于竞争格局优化，有些公司也能够走出来，但是在大部分衰落的行业中寻找投资机会，赚钱的概率是很低的。如果行业有比较大的空间，里面的龙头都在赚钱，那么从中挑选出赚钱的标的，概率就大很多。

不重仓单一行业和个股

朱昂：之前看过关于你的产品的归因分析，你是基金经理中比较少数在择时上持续获得超额收益的基金经理，请问这是如何做到的？

程洲：这应该和我之前做策略分析师的经历有关。我最早是在研究所的策略研究部工作，那时做策略研究和行业比较。之后做投资，也经常会在大类资产中进行比较，帮助自己在市场出现风险时规避系统性风险。比如，2018年5月后的A股、2015年下半年的创业板泡沫，我都通过大类资产配置的研究，规避了一些系统性风险。

当然，也不是每一次都能做对。我希望尽量在择时上的胜率高一些，帮助平滑产品的回撤。同时，我管理的基金产品是纯多头的产品，所以我还是会花更多时间在个股选择上，通过挖掘到好的个股来创造超额收益。

朱昂：A 股市场的波动天然比较大，你的产品历史上回撤比较小，如何在这样一个高波动市场实现比较低的回撤？

程洲：我非常重视风险的控制，希望净值能够表现得更加稳健一些，不追求牛市的时候涨得多、熊市的时候跌得少。历史上 A 股市场一直是牛短熊长，一轮牛熊周期经历下来，希望我的净值表现是不错的。这是我的初衷，所以对风险控制看得比较重。

在个股选择上，我很看重公司的现金流，对于财务有问题的公司会规避。许多时候，个股的大幅下跌和基本面相关。通过财务指标分析，先规避掉基本面出现问题的公司，就能很大程度避免组合出现较大的回撤。

在组合管理上，我的行业比较分散，这就规避了单一行业大幅波动带来的风险。我的个股集中度也不高，大部分重仓股也就在 5% 左右，不会说看好一只股票就买到上限。我的前十大重仓股集中度在 50% 多一些，这样即使单一个股出现错判，对净值的影响也不大。

具有组合思维的逆向投资者

朱昂：你管理的许多产品都创了历史新高，相对目前依然在较低位置的指数，创造了很大的超额收益，你觉得原因是什么？

程洲：核心原因是我的投资方法比较偏逆向，回过头来看许多股票我都买到了历史底部。当然，这些股票全部的涨幅我未必能吃足，经常也会在中途"下车"，但是这能反映我的投资原则。

我不太喜欢去人多的地方，不太喜欢去买最热门的板块。大家关注度很高的领域，定价是比较充分甚至有些泡沫的。我喜欢去人少的地方，这样定价错误的概率比较高，就有比较大的概率实现戴维斯双击。

比较近的案例是，2018年四季度我开始买原料药公司。2019年大家对于原料药的关注度都不太高，只是在过去一个季度，因为疫情的出现，大家才开始关注这个行业。对于原料药的提前布局给我这两年的 Alpha 带来了较大贡献。

朱昂：我采访了许多基金经理，做逆向投资的很少，因为很多时候做左侧的风险很大，而且需要特别强大的内心，你是如何应对的？

程洲：我觉得即使是逆向，也需要组合管理的思维。我做逆向投资，组合是比较均衡和分散的，会有处在不同阶段的公司。有些公司可能要继续在左侧一段时间，有些已经从左侧走到了右侧，不太可能我买的股票都继续往下走。这就是为什么我不希望个股的集中度太高，要对单一公司进行精准的底部判断非常困难。

行业上也不能太集中，很多时候我们的压力并不是逆向投资导致的，而是因为行业太集中。我在2013年买过50个点的地产，那时就感觉压力很大。从此之后，我再也不在单一行业持仓太多。即便不是逆向投资，如果股票全部集中在一个行业，也一样会有压力。

逆向投资中的大局观也很重要。因为我最早是做自上而下的策略研究的，所以经常会做行业比较。逆向投资并不是所有的行业都买，而是要挑选未来有希望的行业。以前我什么行业都有，现在我觉得很多行业再也不会买了。

朱昂：所以说，逆向投资不是刻意站在市场的对立面，而是自下而上找到被错误定价的公司？

程洲：是的。我在构建组合的时候，就是自下而上一个个挑选公司。前面说过，我不会单一个股买很高的比例，组合里面有至少30只股票。在进行了组合分散后，就能体现出选股的准确率了。前面提到的原料药，许多公司的底部我都买到了。但即便如此，这些公司也不会成为组合的全部，否则在公司没有表现时就会承受很大压力。

不要想着每一只股票都能赚到戴维斯双击的钱。我认为投资是赚概率的钱。逆向投资这个事情我反复做，有了许多经验和常识，就慢慢把概率提高，这样就有望能长期获得超额收益。

朱昂：我看你的组合里面的白马股很少，是不是也和逆向投资的思维方式有关？

程洲：事实上，我是比较早买白马股的。当市场不关注的时候，白酒和家电就占我组合比较大的比例了。我做投资，不是冲着"核心资产"标签去的。投资是买未来，我希望不断买入未来的"核心资产"。像某白酒龙头企业，目前市值已经接近1.7万亿元了，未来3年翻一番到3.4万亿元的概率有多高呢？如果这家白酒龙头企业再涨1倍，其他白酒股的市值也会上来，那么整个白酒板块的市值加起来就很大了。我觉得自己持有的一批企业，目前市值不大，也是各细分行业的龙头企业，未来市值翻一番的概率是比较高的。

朱昂： 你是市场上最早买原料药企业的基金经理，但你并非医药研究员出身，你是如何挖掘到原料药的投资机会的？

程洲： 原料药过去是一个很苦的行业，许多医药出身的人未必看得上，而我一开始就对这个行业没有任何偏见。当时，我看到行业政策变化导致整个游戏规则改变了。一致性评价和带量采购带来的行业变化导致了从非标品到标准品的转变，带量采购还导致了行业集中度的进一步提升。另外，环保政策趋严，行业频繁停产，企业退出较多，去产能很多。

原料药到制剂的一体化是个趋势，做原料药的做制剂类似于学化学的去学英语，而做制剂的做原料药类似于学英语的去学化学。原料药企业往下游做销售的空间也比较大，但能不能做好还要看企业间的差异。

我实地调研过一大批企业，发现它们都很赚钱，已经不是过去大家眼中很苦的行业了，于是很早就开始布局了。

制造业长期发展大有可为

朱昂： 其实原料药在医药行业中有制造业的属性，那么你怎么看未来制造业的发展机会？

程洲： 中国经济增长的结构已经发生了变化，从过去依靠总量的推动，转变为依靠质量的提升。在三大产业中，制造业是非常重要的一个环节，对未来经济转型有很大的推动力。而且我们是一个人口大国,许多产品的需求还是需要本土制造业解决。

从全球产业链分工的角度看,中国一直有很强的成本优势。一旦某一个行业没有创新,进入比拼成本的时代,中国的企业就能走出来。比如手机行业,最早的创新是 iPhone 4,到今天智能手机的创新速度放缓了,中国的手机企业就成为全球最强之一。光伏也类似,今天中国的光伏企业已经是全球竞争优势最强之一。

朱昂: 你觉得有什么因素或者红利能够长期推动制造业不断升级发展?

程洲: 第一个是国家战略。未来中国会进入一个技术化的平衡时代,包括"中国制造 2025"的一系列政策,会推动制造业的长期发展。第二个是劳动力素质的大幅提升。我们看到现在人口红利逐渐消失,家里找一个阿姨很困难,但是中国优质的大学生还是很多的。第三个是企业家本身。已经有许多企业家意识到简单扩张产能的时代过去了,他们在研发、运营以及产业升级上的投入会越来越大。过去企业靠粗放式发展,今天越来越多的企业会看重技术上的护城河。

一流的企业制定标准,过去制定标准的都是海外企业,今天越来越多的中国企业也能够参与到标准制定的过程中。

朱昂: 那么你会以什么样的标准去选择制造业企业呢?

程洲: 我对制造业企业的选择有几个标准。首先,我希望在一个相对较好的行业中进行挖掘,这个行业未来要有比较大的空间。其次,我会看重商业模式,包括战略和产品的路径,并通过财务指标去验证企业的模式是不是足够好。再次,我会关注企业的竞争优势是什么,到底是成本优势,还是产品创新,是不是有足够强的壁垒来维持竞争优势。最后，我会看管理层的水平，包括管理层的战略能力和执行能力。

朱昂：在选择企业时，你还是非常看重管理层因素的。

程洲：这一点和选择基金经理很像。不同的基金经理有不同的投资方法，方法并没有对错，要看他的方法是不是和市场环境相契合。选择管理层也是如此。不同的管理层有不同的战略思想，不能说谁对谁错，我要选择的是这个发展方向是不是和当下的时代相匹配。

看清行业空间，避免估值陷阱

朱昂：过去几年，你管理的规模越来越大，你在组合管理上有没有一些应对措施，从而保持持续的超额收益能力？

程洲：我现在更加看重空间，要买空间足够大的公司。如果公司市值能做到 300 亿～500 亿元，那么对我净值的贡献就会较大。有些公司做到顶也就 60 亿～70 亿元，那么我就不买了。

管理规模变大也带来了一些好处。我现在会拿出一部分仓位参与定增。定增需要六个月的锁定期，只有规模到了一定体量，有一定稳定的基础规模后才能参与。我将定增部分看作一个组合，它能享受锁定流动性带来的折扣，再配合对公司的基本面研究，这个组合大概率是能赚钱的。

朱昂：在你的投资生涯中，有什么飞跃点或者让你发生质变的事情吗？

程洲：有两个事情对我影响比较大。一个是在 2013 年，我的业绩压力比较大，当时买了很重的地产板块。虽然2014年最后一个月涨了很多，但是这个过程非常煎熬。之后，我业绩压力再大也不会去重仓持有某个单一板块了。

另一个是我现在越来越看重行业增长了。过去我们的经济增速是9%，所有的行业都在增长，只是增速不同。但是今天来看，没有一个行业能绕过周期，只是有些周期波动小一点，有些周期波动大一点。在经济增速放缓到6%之后，有些行业的增速会放缓，有些行业会负增长。这里面的许多行业会出现估值陷阱，可能以后很长一段时间都不需要去看了。

接下来中国的建筑面积一定会见顶，这么大一个行业见顶，会意味着很多行业的周期开始向下。这里面可能会出现一些有估值陷阱的公司。

朱昂：过去几年低估值因子其实表现不太好，作为一个价值风格选手，你的净值表现很好，是不是因为规避了一些有估值陷阱的行业？

程洲：其实我的组合的估值也不高，虽然我买的许多股票涨了三四倍，但是估值没有什么变化，上涨完全是盈利推动的。我觉得不一定要买估值在个位数的公司，我可以买十个点的银行股，一下子把组合的估值拉低，但是这种低估值意义不大。

我相信周期，均值回归是大多数行业的一个普遍规律，少部分没有出现回归是因为经济结构的变化。2006～2007年，银行股投资是看市盈率的，不是今天看市净率。当时某银行龙头企业有20倍估值，因为那是经济的黄金十年。今天经济结构发生变化，银行许多都破净资产了。

投资理念与观点

▶ 在好的行业中做投资，赚钱的概率更大。

▶ 我不太喜欢去人多的地方，不太喜欢去买最热门的板块。我喜欢去人少的地方，这样定价错误的概率比较高，就有比较大的概率实现戴维斯双击。

▶ 即使是逆向，也需要组合管理的思维。

▶ 逆向投资并不是所有的行业都买，而是要挑选未来有希望的行业。

▶ 今天来看，没有一个行业能绕过周期，只是有些周期波动小一点，有些周期波动大一点。在经济增速放缓到 6% 之后，有些行业的增速会放缓，有些行业会负增长。

| 第 8 章 |

最大的安全边际是企业家的价值观

访谈对象：周应波

访谈日期：2019 年 11 月 21 日

过去几年周应波有两个很大的变化，一个是管理规模的快速增长，从 2000 万元左右增长到了今天的大约 500 亿元①；另一个是白头发的增长，作为一名"80 后"基金经理，他的两鬓多了很多白发。确实，规模的增长给一个基金经理带来的是责任的增长，投资从来都不是一件容易的事情。规模每增长 10 倍，都需要基金经理 10 倍的付出。

周应波很随和，我们行业内的人会叫他"大波哥"。除了投资，他很喜欢踢球，据说是公司足球队的主力，当然我不太爱运动，也没和他踢过球。不过在投资上，周应波是既能进攻，又能防守。我们看到，2016 年 A 股的熊市，周应波管理的一只基金逆市上涨

---

① 截至 2021 年 5 月。

了15.06%；2018年A股历史第二大熊市，周应波这只基金仅仅下跌了11.77%，远远比沪深300和市场平均要好。过去5年，周应波的投资业绩排名市场前20[一]，而且他是这个名单中少数不重仓消费和医药的。可以说，他的投资收益确实大部分来自个股的超额收益，而不是行业Beta。

周应波所在的基金公司属于最早实行事业部制度的基金公司之一，公司中的明星基金经理很多。这也在周应波规模扩张后，给了他极大的研究支持。按理说，每一个基金经理在规模扩张时期，都会遇到各种各样的瓶颈。但是从投资业绩上看，周应波的规模扩张，并没有给他的投资收益带来很大的影响。他也曾经和我说过，规模扩张的一个必然影响是换手率下降了，他的投资方法也从过去的行业轮动转向了精选个股。我有好几个朋友和他在同一家公司，和他关系都很好，大家私下对他的为人也都评价很高。

一个比较有趣的事情是，周应波做基金经理之前是看电力设备和新能源行业的，我采访过好几个明星基金经理，都是研究这个行业出身的。不知道是不是电力设备和新能源这个行业，包容的股票特征比较全面，有价值股也有成长股，也有主题股，所以经常能培养出明星基金经理。

这一次和周应波的访谈，是在他的办公室进行的，整个可能就聊了1个小时不到。他讲话很干脆，不拖泥带水，也不长篇大论。他说从来不标榜自己是价值投资者，只是想把基金经理这份职业做好，让持有人赚到钱，有好的体验。

[一] 截至2021年5月。

超额收益主要来自个股选择

朱昂：过去这些年，你的管理规模从 2000 万元增长到了 200 亿元。能否说说你是如何迭代自己的投资框架的？

周应波：我的出发点就是做好工作，既不会树立投资理念，也不会一定要把握某个方法的投资机会。我以前在腾讯做过产品经理，所以我用产品的思维来看投资。巴菲特成功，很重要的一点是他的产品的资金性质无人可比。公募基金也需要从产品的角度来看问题。

公募基金的特点是客户可以随时申购赎回，每天都是开放的。很多时候基金经理的盈利和持有人的盈利并不一致，这是行业非常大的痛点。作为基金经理，一开始的工作条件就是接受仓位限制、投资范围、客户可以随时申购赎回。我一开始就是基于这些约束条件来做投资的。另一个约束条件是我作为行业研究员的背景，我最初是看中游制造业的，包括机械、电力设备、新能源等。

最初做投资，我先从自己熟悉的行业入手，在里面做轮动，这是我的起点。根据 A 股历史上的收益率分布，把行业轮动做好，能够获得稳定的超额收益以及净值曲线的稳定向上。

我从一开始就很看重实现基金经理盈利和持有人盈利的一致。我会在适当的时候做一些分红，并且会在某些时候限制申购。随着基金规模慢慢扩大，我也逐渐认识到一些新的问题。这些问题的本质是，如何扩大自己管理的边界，给持有人带来长期可持续的超额收益。

过去几年，我主要有两个比较大的变化。第一个变化是行业能力圈的扩大，持有的单一行业的占比开始下降。

我 2016 年的业绩比较好，取得了 15% 的正收益。那一年我熟悉的新能源汽车和半导体给我贡献了不错的收益。然后在 2016 年下半年，我又抓住了周期股的机会，因为之前我看过这些行业。但是在 2017 年，我没有抓住白酒的机会，这促使我逐渐补强对于消费和医药板块的认知。再后来，随着规模进一步扩大，我不得不去看金融地产领域，发现里面有一批公司有明显的 Alpha。

规模的持续增长，也让我将单一行业投资比例从原来的 40% 逐渐降低到 20%。行业持仓的限制会约束你的收益率。但是限制行业持仓上限会让我的心态更好，持有我基金的客户的心态也可能会更好。持有人赚到钱的概率反而增大了。

第二个变化是选股带来了超额收益。我每年都会做一个收益率的归因分析。我第一次做这个分析的时候，惊讶地发现我的收益率只有 30% 来自行业选择，个股选择贡献了 70%。

在投资方法上，我的迭代是把行业轮动的时间要素，从原来的一个季度拉长到了 1 年，甚至是从 2～3 年的维度去看景气周期。时间更长，带来的行业轮动胜率更高。当然，我会根据不同行业的自身属性，搭配相匹配的时间尺度。比如周期品基于涨价的景气周期可能比较短；电子的行业周期会稍微长一些，在 1～2 年；食品饮料、家电的周期会长一些。

朱昂：所以其实你发现，收益并非主要来自行业轮动，而是来自选股能力？

周应波：2018 年是一个比较明显的年份，这一年我的跌幅只有十几个点，比大盘要小很多，但是我的超额收益却不是来自行业配置。

这一年我的行业配置集中在 TMT，都是 2018 年表现比较差的行业。

我前十大重仓中的七个在 2018 年是上涨的，这说明超额收益主要来自选股。其实这两年 GDP 的波动在变小，导致各个行业的波动也在变小，要抓住行业的波峰和波谷变得非常困难。但是，你会发现不同公司之间的竞争力差异在拉大，优秀的公司在竞争力上的优势在不断加强。

当基金的管理规模变大时，基金经理有两个选择：一个是增加持股数量，分散集中度；另一个是减少持股数量，提高集中度。我自己在慢慢努力往提高集中度的方向走。持股的分散会让收益趋向指数化，也会增加跟踪的难度。

基金管理规模变大后，核心是提高持仓集中度，而非降低集中度。这背后的核心是，要理解企业本身是否在创造价值，要加深对于企业的理解。过去我会觉得行业景气度的波动创造了主要价值。现在我发现，企业家的精神，包括管理层的水平，是贡献价值最重要的因素。

2018 年管理规模增加到 50 亿元后，我在对企业家的理解上赋予了更高的权重。再往后面走，我希望能够选出一批公司作为持仓核心，然后根据行业景气度做一些简单的调整，来增厚超额收益。

可靠增长背后的企业家精神

朱昂：所以说，过去几年，你的方法论从行业轮动转向了个股选择？

周应波：的确如此。我的换手率在过去两年出现了明显下降。没有明确的方法论支持，换手率是不可能降得那么快的。换手率降低的背后，是我的个股集中度在集中，行业集中度在分散。

朱昂：我发现你在许多行业都获得了超额收益，如何保证自己在不同行业都有比较深的认知呢？

周应波：我希望找到的是可靠的高增长，找到一家企业长期业绩增长的源头。我会从历史中学习，看这家企业过去在做什么。

支撑一家企业持续高增长的是管理层。一家企业产品的可靠性和财务指标的可靠性，背后是管理层的可靠性。这个和持有人把钱交给基金经理是一样的道理，我们买股票说到底是把钱交给了管理层，让他来运营企业。我认为，真正的安全边际是企业管理层的价值观。

朱昂：你如何判断一家企业的管理层是否靠谱？

周应波：首先，看这家企业生产的产品是不是靠谱，对待消费者的需求是否足够用心。这个可以通过体验企业的产品以及消费者调研进行了解。其次，看企业的财务指标是不是可靠。不仅要看损益表，还要看资产负债表，以及这家企业长期的信息披露。最后，看管理层的工作和生活方式是不是真正具有企业家精神。一个企业家如果每天都在享受生活，买私人飞机和游艇，可能就不是一个具有企业家精神的人。企业家精神要从方方面面去观察，看他怎么说以及怎么做。

厌恶风险的成长股选手

朱昂：成长股投资的问题是波动会比较大，但相比其他成长股选手，你的波动是很小的。如何把波动控制住？

周应波： 我投资成长股时的关注对象会比较宽泛，任何有市值成长空间的品种，我都会关注。并不局限在 TMT 领域，也不会局限在小市值公司，这些标签可能会带来伪成长。我看重的是成长的质，而非其外在形态，我个人不会那么偏执。

另外一点是，我其实是风险厌恶型的，不是那种高风险偏好的成长股选手。我买的成长股，平均 PB 只比传统价值股稍微高一点点。而且一旦估值到了某个位置，我会选择卖出。

朱昂： 所以你在估值上，还是会比较看重性价比？

周应波： 我确实比较看重性价比。虽然没有严格要求组合 PB 维持在什么水平，但如果某个品种估值贵了，我会慢慢进行调整。我这么做的目标还是给客户比较好的体验，我的产品处于风险收益比较好的位置。

我或许会因为估值错过亚马逊这种伟大的公司。这背后更多是一个概率问题，我希望去做高概率的事情。

我自己也在不断反思和调整，背后需要对于企业价值的深度理解，这是我接下来会逐步加强的领域。大家都会经历一个能力圈慢慢扩大再逐渐收缩的过程，要将精力放在有效的事情上。

朱昂： 你如何看待接下来的科技股投资机会？

周应波： 站在这个时点，我肯定看好接下来科技股的投资机会。大的格局是，中国经济在经历了人口红利之后，必须要靠技术和改革。改革其实挺难的，有些国有企业的改革经历了很多年。相比之下，技术创新更加明确。

目前我们处于科技创新的时代，伴随着 5G 时代的来临，一些新的商业模式也会出现。未来，我依然会将企业家精神作为收益的核心来源，不会完全去买那些能"躺赢"的企业，而是依靠企业家的持续进步为持有人带来可靠的长期收益。

投资理念与观点

▶ 过去我会觉得行业景气度的波动创造了主要价值。现在我发现，企业家的精神，包括管理层的水平，是贡献价值最重要的因素。

▶ 我投资成长股时的关注对象会比较宽泛，并不局限在 TMT 领域，也不会局限在小市值公司，这些标签可能会带来伪成长。

▶ 大家都会经历一个能力圈慢慢扩大再逐渐收缩的过程，要将精力放在有效的事情上。

| 第 9 章 |

投资的进阶，从解答到选择

访谈对象：王延飞

访谈日期：2020 年 2 月 17 日

  王延飞是我认识时间比较长的基金经理，他属于很幸运的那一类人，一毕业就去了一家做正统价值投资的机构，跟着国内对价值投资理解最深刻的基金经理陈光明学习，可以说在投资方法上，他没有走过什么弯路。

  和他聊上十几分钟，就能感受到他身上那股朴实简单的气质。他绝对不属于那种口才很好的，平时话也不多，但是一讲投资，就变成了另一个人，会特别认真仔细地把他对投资的理解、他的投资框架，甚至一些对个股的想法讲清楚，有时候情绪还会有点"上头"。

  在访谈中，王延飞给我最大的启发是：高手不解难题，用选择题来代替解答题。简单来说，要算清楚一家公司的价值是很难的，估值体系没有一个非常明确的标准。王延飞在投资中更多的是去做比较，他会比较行业，也会比较公司、商业模式、护城河。通过不断比较，既能提高投资的胜率，也能了解自己在哪些行业有不足，扩大能力圈。

其实投资和人生很像，是一个不断做减法而不是做加法的过程。弱水三千，只取一瓢。不要老想着什么机会都要抓，什么题目都要做对。市场上那么多股票，投资机会从来都不缺，只要抓住属于自己的那道"题"就行了。一个不断做减法的投资方式，才是长期有效的。有效的东西，必须足够简单，这样才能够不断执行。什么钱都想赚的投资者，最终一定是那个亏钱的人。

我们在访谈结束后，还单独约了一个午餐交流。王延飞和我一样，也是投资大师塔勒布的粉丝。塔勒布是黑天鹅投资策略的原创者，他思想的精华就是不确定性。

喜欢塔勒布的人都有一个特点：认为世界是高度不确定的，必须用概率思维做投资，并且要规避小概率风险。王延飞讲到公司和投资的时候，从来不会说这个公司一定能到多少市值，这一笔投资一定能赚多少钱。相反，他带着一种很强的敬畏之心。对于每一家持仓的公司，他都说只能从大概率的角度看公司发展轨迹。而且，他真的特别看重风险。他一直强调，有些尾部风险"生死攸关"，即便发生的概率再低，也要防范。毕竟，投资，你只要死一次，就全结束了，这一点其实和人生也非常类似啊！

做选择题而不是解答题

朱昂：能否谈谈你的投资框架？

王延飞： 基于相信整个社会不断发展与进步的前提，在借鉴美国多年历史数据的基础上，我认为整个权益类资产的回报应该是大于其他资产类别的。这个回报背后叠加了企业家的能力和精神。举一个简单的例子，当企业家拿着自己的钱和他的负债去做一件事情的时候，预期回报肯定是大于负债端成本的，否则企业家最初就没有动力去做这件事。

长期看，经济不断增长，社会也不断进步。而上市企业作为相对优秀的群体代表，回报要比社会企业的平均回报好一些。作为基金经理，我们更愿意寻找大概率能够带来收益的地方，因此我们会在上市企业中精选更加优秀的企业，给持有人创造相对更高的回报。这一层层下来，最后选择长期和好企业在一起，因为作为一个群体它们的回报是最高的。

主动管理型基金经理的目标是长期战胜市场，获取绝对收益。在投资的时候我们会对比产品的基准，然后思考自己能在哪些方面做得更好，从而战胜市场。大概率我们会选取更加优质的企业，以形成长期跑赢基准的基础。从历史上看，长期的相对收益一定能带来比较好的绝对收益。

在投资上，我喜欢做选择题，而不是解答题。一家公司到底值多少钱，PE估值到底应该给20倍还是25倍？这种解答题很难做。但是如果我们和基准去做对比，去做选择题就相对容易一些。一方面，基金经理在能力圈范围内发挥自己的能力，获取超额收益；另一方面，在能力圈没有覆盖的地方，不追求超额收益，也尽量不掉队，不断降低一些错误带来的永久性损失。在此基础上，通过找到能够构建起核心竞争力的行业和企业，形成持仓，这个组合长期看应该是有超额收益的。同时，在配置组合的过程中，基金经理通过一步步做选择题不断明确自己的努力方向，拓展能力圈，提高能力，这也是一种长期有益的积累，对个人能力来说也是螺旋式上升的过程。

另外，我尽量避免择时，因为择时很可能犯错。如果我们长期做一件自己不擅长的事情，最终的结果就是负 EV[⊖]，会损耗超额收益。但是我们通过超配或者低配有认知优势的行业，就能获得比较好的超额收益。

朱昂：做选择题是不是让投资变得更简单一些？

王延飞： 要直接看一家公司或者一个行业好不好，其实挺不容易的，但是几家公司或者几个行业放在一起比较，就比较清晰。我在行业配置上，会通过比较一些容易产生 Alpha 的行业，寻找那些容易构建核心壁垒的公司。以银行和地产为例，相对于银行个股 Alpha 区别较小的情况，随着房价的稳定，地产可能要进入比较周转能力、资金成本的时代，会出现一些个股 Alpha 的分化。

在一个行业内部也是如此，比如家电行业，其 10 多年前的竞争格局和今天完全不同。多年来，在家电行业里构建起核心竞争力的公司，通过充分的市场化竞争形成了竞争优势，逐渐和其他公司拉开差距，形成了护城河，最终的结果是更高的盈利能力。甚至在一些类似于化工这样的周期品行业，也有一批公司走了出来，形成了比较大的

⊖ 即企业价值。

Alpha。我的工作就是在这些比较中，找到有 Alpha 的公司，然后配置到组合里面。

一开始做投资的时候，我是用解答题的思维方式，想这家公司值多少钱，这就很容易陷入非常难的问题中去。与其做解答题，不如做选择题。通过做选择题，更能弄清楚自己需要努力的方向，明确对哪些行业我的认知还不够、如何拓展自己的能力圈。通过做选择题，也能规避许多不擅长的东西，这帮助我们的投资做了很多减法。

朱昂：能否再举几个关于选择题的例子？

王延飞： 比如银行，有很强的牌照壁垒，但并不是完全市场化的，这导致银行里面的龙头公司很难产生比较大的 Alpha。虽然也有几家银行很优秀，但是它们和竞争对手的差距没有家电、汽车、消费品等行业中的那么大。家电行业龙头公司的市值可以达到几千亿元，不好的公司可能面临倒闭，优秀公司的 Alpha 是很大的。

还有一个例子是计算机行业，我们从另一个视角解释选择题思维方式。A 股计算机公司的整体估值是偏高的，这种高估存在了很长时间。从完全理性的角度看，大部分 A 股计算机公司基于其商业模式不应该被给予那么高的估值。但计算机行业的特征、投资者结构等要素和其他行业区别很大，所以我选择不硬去和市场对抗，而是在自己的能力范畴内配置计算机板块，选择里面性价比最好的公司。

所以，在做行业比较的时候，选择能够做对比的行业，总结一些特征，来进行比较，来选择相对更优的行业，比如有同源假设的一些行业就可以放在一起做比较；对于不可比的行业，选择在接受市场的基础上做行业内的优化。不过我相信随着能力圈的不断提升，可比的范围会越来越大。这样的话，从提高自己的角度出发，选择题模式也会比解答题模式更有效,能够指引一个清晰的路径。解答题要直接达到终点,这种方式比较难。而我们通过选择题的比较方式,在一次次比较中知道自己欠缺什么,有一个螺旋式上升的路径,而且清晰可见。

朱昂: 你的团队模式更像是基金经理行业专家制,这样做能大幅提高每个人的投研效率是吗?

王延飞: 的确如此。在投研团队,个人需要具有单兵作战的能力,更重要的是,团队之间要协同互助、彼此分享,使整体能力得到提升。对于基金经理来说,每个人都有自己的能力圈,但是如果仅仅在自己熟悉的领域做投资,会面临比较大的风险敞口——一旦自己不熟悉的行业出现机会,就会全部错过;也会有投资组合在行业上过于集中的风险。

我们每个基金经理都是某个行业的资深研究员。通过内部的基金经理行业专家模式,每个人都能将自己的能力最大化地发挥出来。也许自己在一个领域没有研究过,而别人可能已经研究这个行业10年了,那么就听取在这个行业有Alpha的基金经理的建议。大家彼此信任,共同分享,也抵御了很多风险。

和优秀的管理层同行

朱昂: 你有没有一个预期收益率的目标?

王延飞: 我的长期收益率目标是年化10%~15%。设定这个目标是有原因的,跟开始讲的投资框架也是吻合的。首先,参考社会整体收益率,这个收益率可以对应到我们的国债利率。其次,上市公司整体收益率应该比社会整体收益率高一些。然后，优秀公司的收益率又比上市公司整体收益率高一些。最后，结合现在的整体估值情况，形成了这样一个预期收益率目标。

朱昂： 能否谈谈你组合构建背后的逻辑？

王延飞： 在组合构建上，首先要选择幸运的行业，这个之前谈到了，通过行业比较来进行选择。行业比较有一个重要的维度是行业内是否容易形成有护城河的公司，我认为构建组合最重要的是能找到有竞争力、能够成为行业第一的优秀公司。我们愿意站在优秀公司这一边。我是用数学概率题的角度看待组合构建的，因为最终每个人的持仓大概都是20~30只股票。每只股票的胜算差一些，叠加在一起，再计入时间的因素，最后胜算会相差很大。举个例子，如果一件事有10个步骤，每一步成功的概率都是95%，最后这件事成功的概率就是60%；但如果每一步成功的概率都是90%，最后这件事成功的概率就只有35%了。

所以，在公司选择上，那些不优秀的公司带来的风险是很高的。对于长期投资而言，买不到好公司，触雷是一定的，对组合的伤害会比较大。假设组合里有一个不好的标的，每年出问题的概率是20%，三年下来，就有大约50%的概率会出现不好的事情。反过来说，优秀的企业家能帮助规避很多风险，他们在经营上不会冒进。和优秀的人、优秀的公司同行，其实对获得超额收益的帮助很大。

朱昂： 能否谈谈你怎么找到优秀的管理层？

王延飞： 还是回到我一开始说的选择题思维。单看一个人，很难对其进行评判。看的管理层多了，通过各类比较就能感受到哪一类人更加优秀,他们往往在一些方面会有相似的特征。我也会通过企业家的特征和对公司财务数据的比较,去思考优秀的管理层如何对一家公司产生影响,会导致哪些财务特征。

朱昂: 能否谈谈你如何通过财务指标来选择公司?

王延飞: 现在上市公司的信息披露得是比较充分的。在财务指标方面,我会看同一个行业中不同的公司,通过比较周转率、利润来源、现金流和财务控制能力等因素,判断哪些公司的盈利能力更强。ROE 的高低是一个结果,这个结果背后有企业家能力的因素,代表着对同一件事情不同公司不同的处理方式。比如就 ROE 的差异而言,要看企业是不是周转得更快,现金流是不是更稳健,对客户是不是议价能力更强,融资的成本是不是更低,或者还要看股权的集中度,甚至内部企业文化的差异。

朱昂: 对于在个股上的仓位,你一般是如何决策的?

王延飞: 首先,当我跟踪调研一家公司时,第一件事是给公司定性,根据行业情况、公司能力、流动性等多方面的因素定性地看这家公司到底值得我配置几个点的仓位。可能在观察了一家公司很久,觉得性价比相对合适之后,我才会尝试买入一些,并等待观察我的买入逻辑能否得到市场进一步的印证。如果事情朝着预判的方向发展,我可能会追加持仓。因此,对一只股票的建仓,我往往会用比较长的时间。

其次,一家好公司必须经历过时间和历史的检验。我更加倾向于选择持续跟踪很长时间的公司,无论是公司的品性,还是企业家的为人,都要比较靠谱。重仓代表着我对于公司的信任。我们有一个优秀公司的股票池，基金经理可以在这个股票池里面做比较，选出性价比好的投资标的。

波动不是风险，永久性损失才是

朱昂：你如何看待投资中的波动？

王延飞： 我比较同意塔勒布关于风险的描述——波动不是风险，永久性损失才是。塔勒布举了一个例子，从椅子上跳下来，没有风险，但是从10楼跳下去就有风险。

短期的波动并不是风险，没有波动就没有超额收益，但是要尽量避免犯造成永久性损失的错误。在投资端，过于追求低波动，一定会损害收益。

投资最大的风险，是永久性损失。比如，一家公司的股价下跌了，性价比更高了，我们也许会增加这家公司的持仓，但是如果这是一家不好的公司，涨不回来了，这就是一个永久性损失。所以，我们要控制比例，也要做好仓位配比，这样在一定程度上能够抵御风险。

其实，在持有人端也是一样的。基金的产品收益率不等于持有人的收益率，这是行业存在的一个普遍问题。基金经理注重组合波动是对持有人负责，但坐在车上的人不知道开车人的风格，很容易在状况频发的时候轻易下车，因此开车的人也要尽可能让自己的风格与乘客匹配上，方能走得长远。如果股票看一年，波动就是不确定的；但是如果把时间拉长到三年，实现预期收益率的置信度就会提高很多。把时间的维度叠加进去，在同样的波动条件下，就能获得更高的收益。如果持有人愿意在更长的时间上进行锁定，也许就能获得比较高的预期收益。反过来说，越是看重短期的收益，长期来看越会损失一定的收益。

这并不意味着不用控制波动。控制波动的核心还是从持有人的体验出发。我希望实现的是：基金产品的收益率就是持有人的收益率。我要为持有人负责，如果波动过大，持有人就容易下车。

另外，基金经理的能力和持有人的信任需要进行匹配，持有人的资金属性也要和基金经理的投资风格进行匹配。比如，我发行了具有三年封闭周期的产品，在实际投资操作中会更加灵活，波动也会稍微大一些，而我对于三年后让持有人获得一定的超额收益是比较有信心的。

朱昂：什么事情对你投资的启发比较大？

王延飞： 看书。塔勒布的书对我影响比较大，他的书值得反复看，每次看都有新的收获。看书其实能理解很多事情，理解了就不会在事情发生的时候感到非常突然。你把不好的事情的发生看成是一种概率，投资组合也存在这种概率，发生了积极去应对就好。做投资遇到"黑天鹅"是必然的，这让我能坦然接受投资中的一些错误，错误是投资中不可避免的一部分。与此相对，收益率背后也有运气的成分。在收益率好的时候，我们也要理解这并非完全是我们的能力；而在业绩不好的时候，也有运气的成分。这种思维方式会让我的心态更好。

另外，芒格的多元思维模型也对我启发很大。在投资的过程中，唯有变化是永恒的，我们每天都要与时俱进，不能以一个不变的方式去做投资，要让自己不断进步，不断适应市场的新变化。

与时俱进，保持学习

朱昂： 基金经理是一个压力很大的职业，你平时在面临压力时，如何去排解呢？

王延飞： 只能跑步或打牌了（笑）。我们公司的氛围很好，领导不会给我们太大压力，许多压力都能够在内部缓解。由于中长期的考核机制，大家都看重长期业绩，淡化短期的排名。每个人都会有压力，有时领导也会帮你缓解。在心态不好的时候，文化理念发挥的力量很大，凡事看淡一些也会少很多麻烦。

朱昂： 平时有什么事情你想多做一些？

王延飞： 我希望自己做好选择题的领域能不断扩充。比如，过去只能做50道选择题，未来要努力做60道、70道，能够把一个个选择题扳掉，实现一个个小目标。

朱昂： 能否具体讲讲之前扳掉一道选择题的经历？

王延飞： 之前买过某造纸行业龙头公司，这家公司是造纸行业中最优秀的公司之一。到2018年，这家公司的股价调整了很多，这时所有的负面信息都向你涌来，比如产品价格下跌了、国家环保政策松动导致落后产能暂停退出了，等等。

当时大家都是用产品价格指标来看这种周期性公司的，认为产品价格上涨会带动股价上涨。事实上，公司的价值不完全随着产品价格的波动而波动，如果按 DCF 模型来看的话，公司的价值已经隐含了未来产品的价格波动，这个大家都知道。但公司股价跌到什么位置才能买，很难去做判断，所以大家才去盯产品价格，背后的难点是找不准公司的估值锚和价值锚。但如果以做比较的思路去拆解，把公司的利润拆成行业平均利润＋超额利润，那么超额利润就是这家公司在竞争对手大部分都亏钱的时候，还有大约 10 多亿元的利润，这部分是每年都会产生的、稳定的，可以参考其他稳定性行业的估值，比如公用事业等。通过这样的分析思路，可以比较很多周期性公司，选哪个就会更清晰了。

朱昂：你前面提到了与时俱进，是不是对于行业的认知，也会伴随着时间，有更深层次的理解？

王延飞： 是这样的，这也是我强调的行业专家模式的优势。看一个行业 10 年，认知会远超看一个行业 3 年。这个认知差，就来源于我们对行业或公司不断有深层次的理解。

我是看 TMT 中的计算机和传媒出身的。对于传媒里面的游戏公司的定价，过去几年也有了新的认识。几年前，游戏行业的特征是其商业模式有项目制属性——一款游戏成功，下一款游戏能否继续成功是不确定的，因此 PE 估值不会高。但是这几年，随着大浪淘沙，游戏研发公司的集中度已经提高了很多，头部的几家公司已经是在用一个产品组合的思维开发新游戏了。为了维持公司的生存能力和长期竞争力，降低公司对单款游戏的依赖程度，它们并非只研发 1 款游戏，而是每年开发 10 款、20 款游戏。这里面有成功也有失败，但是大概率会有能支撑公司未来持续发展的项目，大概率能够维持现在的利润体量，所以公司自身的利润波动在下降。

而且，和电影行业比较，游戏行业前期不需要投入那么多钱，研发只需要投入几千万元，后期主要是在引流上的投入。而在引流方面，通过数据模型可以算清楚用户转化率、付费率和 ARPU⊖值，只有在引流成本低于用户价值时，才会去做引流的投入。因此，游戏行业的大部分成本是有弹性的，是有回报的成本。这点和电影行业有本质的差别，电影的前期投入是巨大的，而票房本身却存在太多不确定性。

同时，外部环境也在发生变化，包括消费游戏的人群结构和付费结构、支付方式等，所以你会发现，全球游戏公司的估值这几年都在上升。

投资理念与观点

▶ 在投资上，我喜欢做选择题，而不是解答题。一家公司到底值多少钱，PE 估值到底应该给 20 倍还是 25 倍？这种解答题很难做。但是如果我们和基准去做对比，去做选择题就相对容易一些。

▶ 短期的波动并不是风险，没有波动就没有超额收益，但是要尽量避免犯造成永久性损失的错误。在投资端，过于追求低波动，一定会损害收益。

⊖ 即每用户平均收入。

| 第 10 章 |

横跨不同投资风格找平衡

访谈对象: 李晓星

访谈日期: 2020 年 3 月 4 日

　　知道李晓星这个名字,是在 2013 年,那时他还只是研究电力设备和新能源的基金经理。当时我在另一个明星基金经理杨锐文的群里,他对李晓星赞誉有加。加上本书提到的周应波,他们几个都是看电力设备、新能源出身的,都是超级勤奋的基金经理。

　　在和李晓星做了很多年"网友"之后,第一次见面是在 2019 年底,我们约在了上海香格里拉酒店 36 楼的翡翠餐厅。我一直特别喜欢约人去这个餐厅吃午饭,既能在高处看到上海的风景,也能够有一个相对安静的环境和人交流,而且中午还有比较便宜的套餐,比在旁边的国金中心吃饭性价比高很多。

　　记得我们约的是 11 点 30 分,他提前 15 分钟就到了。那天他坐了最早从北京来上海的航班,我听了有些震惊。虽然早上 7 点多的航班不太容易延误，但是要赶那么早的航班，基本上5点就要起床。李晓星告诉我，坐早航班出差对他来说是常态，他还经常会"打飞的"，坐早航班去一个地方，然后坐晚航班回家。

李晓星一直留着寸头，眼睛不算大。他属于既不幸又幸运的基金经理。不幸在于，他是在2015年A股大跌的时候开始管理基金的。从公开数据看，他上任的时间点是2015年7月7日，正是大跌开始的时候。对于一名新基金经理，一上任就碰到千股跌停，一定会手足无措。而幸运的是，李晓星管理的基金的业绩从一开始就比较好，从上任至今，他应该是全A股市场业绩排名前十的，无论是在哪种风格的市场，他总是能跑赢市场。

有一件事让我记忆很深。记得有一天他发了一条朋友圈，表达了对自己业绩的不满意。他觉得2020年市场风格应该是特别适合他的，但他却没有取得应有的业绩。他还提到要不忘初心，保持勤奋，依然做那个为了提前和行业专家交流能自己开车几个小时的勤奋少年。说实话，他2020年的业绩挺好，一只基金取得了58%的绝对收益，排在全市场的前25%。我想，这就是一个基金经理对自己的严格要求吧。

在访谈中，有一个细节让我印象深刻。李晓星告诉我，其实他是一个悲观主义者，身边和他认识时间久的人都能感受到。不过关于这个话题，我们并没有继续深入讨论下去。访谈结束后，李晓星忙着去赶着下一场会议。看着他匆忙的身影，我突然想到，或许一个比较悲观的人，不太容易自满，会不断鞭策自己持续进步吧。

时刻维持投资组合在最佳性价比

朱昂：能否说说你的投资方法？

李晓星：我顶层的思维是，长期稳定的超额收益就是绝对收益的来源。一个基金经理每年如果能获得百分之十几到百分之二十的超额收益，那么拉长时间看一定能给客户提供绝对收益。想明白这个问题，在投资上就能更加专注。我长期保持比较高的仓位，不通过择时来获得绝对收益，而是将精力放在了选股上。

我的投资方法叫作景气度趋势投资。第一步，找到景气度向上的行业；第二步，从景气度向上的行业中，找到那些业绩增速快的公司；第三步，从这批公司中挑选出估值合理的标的；第四步，挑选的标的最好和市场有一些基本面上的预期差。

这里面有三个核心：行业景气度、业绩增速和估值匹配。我不会仅仅基于景气度做投资。有些行业景气度很好，但是个股估值都很贵，我也会放弃。

我将A股全部的上市公司划分为30个大行业和200个子行业。目标是从这200个子行业中，挑选出8～10个景气度向上的，并从中挖掘估值和增速相匹配的公司。如果在这些子行业中找不到让我满意的投资标的，我会从景气度次优的行业中寻找。

在A股市场做景气度趋势投资是比较有效的。当一个行业景气度向上的时候，估值往往会抬升，业绩也会增长。

朱昂：所以你会看重由景气度、增速和估值构成的性价比是吗？

李晓星：对，我非常看重组合的性价比，希望时刻将投资组合维持在最佳性价比上。行业景气度、公司业绩增速、估值的变化，都会导致组合性价比产生变化。这三个因素是我投资组合中比较关键的变量。

正因为组合自身能长期保持不错的性价比，所以我不太关注市场本身的涨跌。我要获得的是持续的超额收益，市场本身的波动对我的组合的影响不会很大。

朱昂：你提到了寻找景气度向上的行业，有什么具体进行跟踪的方法吗？

李晓星： 我希望找到景气度有两三年向上的行业，只有时间较长的景气度向上，对于投资来说才有实战意义。跟踪景气度的指标有很多，包括 ROE 拐点、收入增速拐点、利润拐点等。对有些行业，我会在景气度拐点来临之前，提前进行配置，比如 2018 年四季度我提前配置了养殖行业。对另外一些行业，我可能会在景气度向上持续了一段时间后再配置，比如白酒早在 2016 年就开始景气度向上了，而我是在 2017 年进行配置的。无论哪种方式，只要你看对了景气度，一定会获得超额收益。

我的对手是指数，不是其他基金经理

朱昂：你前面提到估值和增速相匹配，如何理解呢？

李晓星： 公司价值的本质是未来现金流折现，盈利增速很高的公司，通过现金流折现能得到比较高的估值。但有些公司的估值远超现金流折现对应的价值，我就会放弃。最近有些医药股的估值超出了我的投资框架，这种我就会放弃。

这种投资方法的好处是，我的业绩不受市场风格的影响，我也不用做择时。无论市场涨跌，都能给持有人带来持续的超额收益，拉长时间看，最终也会带来不错的绝对收益。

我自己是一个悲观主义者，我相信应该做大概率的事情。大部分基金经理都没有择时能力，我也没见过依靠持续仓位管理把投资做得很出色的基金经理。既然别人都做不好，我并不认为自己能做好。

朱昂： 你说你自己的投资收益并不受市场风格的影响，那么在投资上，你是不是不喜欢给自己贴成长或者价值的标签？

李晓星： 如果真的要贴一个标签，我觉得自己属于平衡型的投资者。过去几年消费品比较好，市场上做消费类基金的人很多。相比之下，我这种平衡型基金经理占比不算多，这个投资风格的赛道也没有那么拥挤。

我的目标并不是和其他人去比，而是战胜指数。我的对手是指数，不是其他基金经理。我希望自己能每年跑赢指数 10% 以上。长期稳定的超额收益，就是不错的绝对收益。

我在 70% 的月份都是跑赢指数的，月度超额收益很稳定。许多机构投资者喜欢把我的产品作为底仓配置，我也是市场里机构持仓最重的基金经理之一。

业绩预期差要大，估值预期差要小

朱昂： 能够稳定地获得超额收益，你认为自己的竞争优势是什么？

李晓星： 股票价格是每股收益 EPS 乘上估值用的市盈率 PE，我们从这两个部分来看。首先，要对 EPS 进行正确的判断。能够判断对一家公司的 EPS，就一定会有超额收益。我的团队成员都是行业专家，对于公司的理解比市场上大部分人更深刻。而且我们每个人都很勤奋，我自己每天七点之前就到公司。我们花很多时间进行上下游调研、访谈行业专家，这些能帮助我们了解行业和公司的变化。

过去几年我们调研上市公司的频次在下降，因为基本上每一家上市公司对于自己都是看好的。听其言重要，观其行更重要。在了解公司的战略后，我们会对公司财报进行仔细拆分，这就是观其行的部分。如果言行不一，我就会觉得有风险。

前面说过，我是一个悲观主义者，对自己的判断没有那么强的信心。我会随时准备纠错。好在 A 股财报披露的要求很高，信息披露非常具体。从这些公开信息中，就能看到公司在做些什么。

在把握 EPS 方面，我认为预期差越大越好。只要大概率看对，比市场对公司业绩的判断更加准确，就能获得超额收益。

而在估值方面，我认为预期差越小越好。估值是市场参与者投票投出来的，并不是我自己说了算的。对于市场，要客观去看待，理解市场共识背后的原因。对于估值，要更多地从市场是有效的角度出发。

行业分散，个股集中

朱昂： 你如何看待持股集中度和行业集中度？

李晓星：在行业集中度上，我尽量做到相对分散。理想的情况是持有 8～10 个子行业。这需要我的团队找到足够多景气度向上的行业。我不希望行业过于集中，这会导致组合面临较大的风险。

相反，在持股上相对集中会降低基本面误判的风险，但背后需要对于公司基本面有深入的理解。过去几年，我前十大持仓的集中度在不断提高。不断有行业专家加入我们团队，扩大了团队的能力圈。我们目前持仓股票在 50 只左右，包括我自己，每个人覆盖约 10 只股票。研究越深入，持股集中度越高。

当然，我们团队的成功率并非 100%，也会犯错，只要能不断总结进步就可以了，昨天的伤疤都是明天的铠甲。我对于团队的要求是，工作态度要勤勉，工作流程要足够专业，至于取得什么样的结果，我是比较淡然的。专业度带来持续的信任，成功率只要持续超过 50%，长期就有持续的超额收益。

朱昂：你前面提到，你是一个悲观主义者，这个价值观如何影响你的投资决策？

李晓星：我相信的投资本质是谁犯错更少。投资不应该过度自信，过度自信很容易犯错。做投资就是盲人摸象，看错的概率很高，要随时做好纠错的准备。索罗斯说过，所有事情都不能被证实，只能被证伪。我对负面信息特别关注，随时准备否定自己。

投资要客观，我不喜欢认为一只股票肯定能涨 10 倍的想法。投资是很难的，没有那么容易取得 10 倍收益。我认为，好的研究员应该告诉我正面逻辑和负面逻辑。我眼中最好的研究员，是能够在同样的价位，让基金经理买入和卖出同一只股票的人。这意味着，这个研究员对于股票的正面逻辑和负面逻辑都很了解。我们要知道一只股票涨跌的背后是什么逻辑因素在主导。

业绩是基金经理最好的宣传语

朱昂： 你如何扩张自己的能力圈？

李晓星： 扩张能力圈有两个办法，第一是自己勤奋研究，第二是培养理念一致但能力圈互补的人。基金经理最宝贵的是时间，我们要把时间放到有效的事情上。有时候看看盘，和人聊聊天，一天就过去了。时间是过得很快的，我们必须持续学习，让自己每一年比过去好那么一点点，理解的行业多那么一点点。

朱昂： 对于基金经理这个职业，你是如何看待的？

李晓星： 一个基金经理的本职工作，是追求优异的收益率。基金经理最好的宣传语，就是业绩。我其实很少接受采访或者路演，希望把大部分时间用在研究公司和行业上，为持有人做出好的净值曲线。

朱昂： 那这会如何影响你带团队？

李晓星： 我的团队有两点和别人的不太一样。第一，我用的是基金经理团队制模式。每一个基金经理都要与他人协同，分享自己的投研成果。第二，我采用了行业专家模式。我们不需要各方面都是60分的基金经理，而需要某些方面是90分的基金经理。

朱昂： 为什么要找90分的基金经理？

李晓星： 一个投资团队的下限是由其短板决定的。如果每一个基金经理都能在某些方面是90分，我们结合在一起，就是一个90分的团队。当然，要做到这一点，必须有通畅的沟通机制和统一的价值观。

朱昂：你有哪些管理团队的经验可以分享给大家吗？

李晓星： 我们团队的基金经理，都是我自己培养出来的，我会把自己的投资框架教给他们。整个团队在看问题的时候，思维方式比较一致，大家也有统一的价值观。

我自己是看新能源和TMT出身的，2015~2016年业绩比较好。2017年消费品表现很好，但这个行业并不在我的能力圈内。当时我有两个选择，要么忽视消费品行业的投资机会，要么通过构建团队来补强这一块能力。当时我选择了后者，找到了一位对消费品理解很深的行业专家加入团队。新增加人手，肯定会带来更高的成本，但好处是扩张了我们投资团队的能力圈。之后我们又吸收了一些行业专家，补强了我们的一些行业短板。

我们找的行业专家，一般都在卖方研究所和我们公司研究部各有过三四年的行业研究经验。他们对于行业周期、产业链的变化等各种景气度驱动因素有深入的认知。在我们公司研究部工作的几年，我可以细致地观察他们的研究体系、性格和工作习惯。在此基础上，我会培养大家践行相对统一的投资方法，这会提高我们团队的沟通效率，把投研的损耗降到最低。

在团队配合上，我主要负责行业部分的超额收益，选出景气度向上的细分子行业。行业专家基金经理（我也是其中之一）负责个股部分的超额收益，挖掘出景气度向上的行业中性价比最高的个股。通过专业化分工，我们每个人都能在投资流程中贡献超额收益，最终的结果就是我们为持有人创造了累计超额收益。

投资理念与观点

- 我的投资方法叫作景气度趋势投资。这里面有三个核心：行业景气度、业绩增速和估值匹配。

- 做投资就是盲人摸象，看错的概率很高，要随时做好纠错的准备。

- 扩张能力圈有两个办法，第一是自己勤奋研究，第二是培养理念一致但能力圈互补的人。

| 第 11 章 |

"慢即是快"的保守稳健均衡

访谈对象：傅友兴

访谈日期：2020 年 4 月 1 日

第一次见到傅友兴还是在 2010 年，当时他在一家大型基金公司负责宏观策略的研究，之后又负责整个研究部的工作。很长一段时间，傅友兴都在研究岗位上，许多他手下的研究员从研究部转到投资部做基金经理，他却一直不着急做投资。一直到 2014 年，他才真正开始做投资，此时他进入资产管理行业已经差不多有 10 年了。

"慢"是傅友兴身上最大的特质，他说话慢、开车慢，职业生涯的发展也很慢，但是一路走来他又身体力行地证明了"慢即是快"这个道理——一步步把基础打好，才能走得更远。今天，他管理着全市场规模最大的平衡型基金之一，拿过金牛奖和晨星等国内外权威机构的大奖。和他交流，你感受不到任何的犀利感，他无论和谁说话都会保持一种均匀的语速，也极少出现情绪起伏，但是深入看他的一言一行，又能发现他强大的内心。

记得有一次和他吃饭，我问他："你怎么看基金经理这个职业？"他给我举了一个环法自行车大赛的例子。他觉得基金经理和环法自行车大赛的选手很像，要经历不同的路段，有时候是平地，有时候又是山路（投资要经历不同的市场风格和周期）。每一个阶段成绩排在最后的选手会被淘汰，最后的成绩是各个路段的加总，而不是某个路段的第一名。做投资最终的成绩，是长期业绩的积累，而不是某一年的市场冠军。他告诉我，投资无法避免"踩坑"以及阶段性业绩的落后，他每天都如履薄冰地进行投资，对市场无比敬畏，不因为短期业绩的优秀而沾沾自喜。

傅友兴有两个习惯坚持了多年，一个是看书，另一个是健身。他几乎每天晚上回到家都会花一个小时阅读，而且每次阅读之后都会写一些读书笔记保存在电脑里面，这个习惯坚持了十几年。他每周会去健身两三次，每次一两个小时，让自己保持充沛的体力，这个习惯坚持了七八年。这两个习惯都是具有"复利性"的，只要花了时间，就能看到效果。

在投资方法上，傅友兴比较看重ROIC这个指标，这对广大投资者有很强的借鉴意义。傅友兴告诉我，美国著名价值投资者乔尔·格林布拉特（Joel Greenblat）曾专门用ROIC策略进行投资，回归20年的效果特别好。

长期目标：实现净值的稳健增长

朱昂： 你管理的产品在波动的市场中实现了低波动的超额收益，能否谈谈你的投资目标？

傅友兴： 在产品设计上，股债混合型产品的定位就是波动和回撤要比股票型基金小一些，适合中低风险偏好的个人投资者。从归因分析的角度看，股票投资是基金的重点，也是主要收益来源，债券配置的作用主要是平衡风险。股票仓位低一些，大部分时间产品的波动性就小一些。

从我个人的性格出发，我是比较厌恶风险的，这使得我在投资中非常看重安全边际。在日常的组合管理中，我会不断评估持仓的风险和收益并进行动态调整。结合产品的定位以及个人的风格，我的投资目标与基金持有人的目标是一致的：在相对高波动的市场中，获得稳健的收益，实现净值不断创出新高。

朱昂： 你提到了稳健，我也看到你经历过熊市、牛市、科技牛市、消费牛市，那么你是如何在不同市场风格中都取得不错表现的呢？

傅友兴： 我并没有刻意追求相对排名，主要还是通过自下而上的选股，深入研究公司价值，在估值合理或者低估时买入，追求较高的、确定的绝对收益。我不会在单一行业暴露太多，这样受行业景气度的影响比较大，会造成产品有较大波动。况且，如果对于行业的判断出现失误，会产生较大冲击。一般情况下，我在单一行业的配置比例会控制在 20% 以内。

从配置偏好来看，主要以稳健成长股为核心，阶段性配置低估的周期股和价值股。配置的核心出发点是性价比。有些公司很便宜，但没有成长性，就没有我所认同的性价比。我重仓的公司主要是成长空间比较好、具有较强的护城河、中长期盈利能力比较强的细分行业龙头。

在行业上，我主要布局在消费、医药、制造业等行业，过去一年也增加了一些科技股的配置。挑选标的的核心是有比较大的安全边际，有相对明确的预期收益率。这样，我的产品在不同市场风格中，表现都不会太落后。

朱昂：我们一直说盈亏同源，一般回撤小的产品进攻性很差，但你的产品过去几年的收益率排在市场的前10%，回撤更是排在前1%，背后的原因是什么？

傅友兴：A股市场天然波动比较大，如果遇到政策紧缩或者行业趋势下行，股价调整幅度就会比较大，如果组合没有比较好地处理这种情况，就会导致短期回撤比较大。

巴菲特的核心原则是保护本金的安全，我自己也深度认同这一点。做投资首先要保证不发生大的亏损，如果三年、五年中有一年、两年亏损，组合长期收益就会下降得比较明显。

我不觉得我的产品进攻性有多强，主要是市场调整时我的跌幅比较少，从三年、五年来看，累计收益相对好一点。熊市中只要亏得比较少，长期收益大概率是不差的。

霍华德·马克斯认为基金经理有两种。一种是保守配置型，特点是在市场下跌时，他跌得比市场少，在市场上涨时，他能跟得上市场的表现。另一种是进取配置型,特点是在市场下跌时,他跌得跟市场一样,在市场上涨时,他比市场涨得多,长期下来超额收益也很多。我们每个人都想做到在市场下跌时跌得少,在市场上涨时涨得多,但是很难做到。

我自己比较注重平衡,属于相对保守、稳健均衡的风格。在考虑买卖决策时,对风险考虑得更多,目标是实现长期收益。

选股思路:从ROIC出发,偏好内生性可持续增长

朱昂: 我知道你非常看重ROIC这个指标,能否谈谈你的选股思路有什么特点?

傅友兴: 我在选股时,比较看重一家公司过去三年或者五年的盈利能力、财务的稳健程度,其中一个重要的指标就是ROIC。其实ROIC跟ROE差不多,只是它把财务杠杆统一化处理了。对于财务杠杆不同的公司来说,有些公司账面资金比较多,用ROIC更为合理,能实现与不同行业不同公司的比较。当然,ROIC只是我关注的一个财务指标,我还会从净现金流、资产负债率、净利率等维度看公司的经营是否处于比较健康、良性的态势,将一些我看不清楚或者财务表现不好的公司排除出去。

定量分析只涉及公司投资的一部分,定性判断比定量分析更重要。买公司就是买未来,过去的财务指标只是公司历史经营活动的表现。我通过定性分析来判断公司所处行业的竞争格局是不是足够好,竞争优势是不是足够强,以及未来的发展空间是不是足够大。通过定性判断,我们把可投资的范围进一步收窄。

我也比较看重公司的治理，这既包括管理层的能力，也包括公司的治理结构。A股有不少公司在治理方面还有改善空间，有些公司账上有很多现金，但不做资本最大化的投资，而是投入到能做大收入的地方。我们偏好业务聚焦、管理层专注、治理结构比较好、注重中小股东利益的公司。

朱昂：为什么会想到采用ROIC这个指标，筛选时是否有具体的量化要求？

傅友兴： 美国有一位投资家乔尔·格林布拉特专门用ROIC这个策略，回归20年的效果特别好。他的做法是这样的：在年报公布后，把美国3000家公司按照年报中的ROIC（就看静态利润，不预测未来）分成10组，按照ROIC和估值分别打分，两个分数相加，每组公司只有一个分数。统计了20年，结果得分最高的那一组公司年复合收益率超过30%，得分最低的那组公司收益率只有个位数。

理论上，ROIC当然是越高越好，但是ROIC越高，可持续的概率就越低。我觉得社会正常的股权风险收益率或者社会平均的ROE是7%～8%，如果公司的ROIC比这个高一倍，而且过去3～5年比较稳定，说明其盈利能力比较强。财务当然只是一个表征，公司有内在的一些竞争优势或者壁垒。

朱昂：根据ROIC，A股的上市公司是否也可以分成不同的类型？

傅友兴： 根据ROIC，有些公司是"高投入、低产出"，有些公司则是"低投入、高产出"。我们以两类不同的公司来举例：A是制造业公司，收入和利润均保持每年30%以上的高增长，ROIC为8%；B是消费品公司，盈利每年增长15%～20%，ROIC超过15%。通过对比这两组数据，我们可以看到，B公司的增长更倾向于内生性增长，增长的质量和持续性更优。而 A 公司需要不断融资，投入固定资产，通过资产的扩张来实现收入和利润的增幅。因此，在挑选公司时，我会比较有意识地去寻找 ROIC 比较高、未来增长能够持续的公司。

朱昂：从 ROIC 这个指标出发，哪些行业属于 ROIC 比较高的行业？

傅友兴： ROIC 的高低跟行业属性或者说商业模式有关，其表现为公司在产业链中的地位不一样，公司真实经营占用的资本有所不同。例如，对于消费、医药等偏轻资产的行业，我们去看上市公司的财务报表，运营资本一直是负的，等于公司长期使用产业链上下游的现金流，自己基本不用投入多少现金，所以每年的经营现金流比公司利润要好，年收入能够保持持续增长。在我的理解中，消费、医药某种程度上是一类行业，虽然行业特点和商业模式有所不同，但其共性是都由消费需求驱动，自身都有品牌或专利壁垒，在可预见的未来增长持续性都比较强。

我觉得过去几年 A 股的定价机制变得越来越成熟了，并向港股和美股靠拢。2015 年以前，A 股比较喜欢那种业绩高速增长的公司，忽视了业绩增长的持续性。这几年 A 股开始对业绩稳定增长的公司进行重新估值。我理解有两方面原因：一是近几年有比较多的外资进入 A 股市场，重构了优质公司的估值体系；二是以前我们可能低估了好公司增长的持续性。这说明大家看的时间更长了，在用更长期的眼光做投资。

朱昂：除了 ROIC，还有什么你比较关注的吗？

傅友兴： 在定性上，我还是侧重于对公司的发展空间、竞争优势、管理层等因素进行研究。ROIC 高只是一个结果，我会努力去研究这个 ROIC 是什么造成的、是否能够持续。

行业特征：聚焦消费、医药等稳定增长的行业

朱昂： 从行业角度看，你组合中的消费品比较多，能否谈谈你的理解？

傅友兴： 从过去十年来看，A 股的消费、医药、家电、金融这几个行业表现最好。美国市场也有类似之处。我看过一个资料，从 MSCI 十大行业过去 50 年的数据来看，必选消费的年化收益率最高，波动率最低，性价比最好。我认为，消费是一个很好的主赛道，这个行业的特点是需求相对稳定、可预测性强，产品差异化和规模优势能使公司具备可持续的竞争优势，这种优势使得消费行业能获得比较好的超额收益。从过去三年、五年的历史数据来看，消费、医药这种偏稳定增长类的板块，复合投资收益还是挺高的。

朱昂： 在你的持仓中，医药是占比最高的，你在筛选个股上有没有比较独特的方法？

傅友兴： 医药和消费的主要需求方都是个人消费者，客户群体比较类似，但两者的壁垒有所区别，消费靠产品、渠道、品牌，医药除此之外还有专利保护。医药和消费属于同一个大类行业，这个行业需求增长的持续性比较好，行业变化相对比较小，因此在这两个行业选股有较多的共性。

举个例子，医药连锁企业属于专业零售企业，本质上也是零售企业，和消费企业的核心都是看供应链周转效率，包括连锁模式、异地扩张的成功概率、管控能力。这是两个行业有共性的地方，但也有区别。我们国家很多医药企业，特别是做药的企业，收入增长只跟量相关，在国内医保体系下很难有涨价的可能性。但消费企业不太一样，除了量的增长，还有中高端、结构升级。

朱昂： 你选的公司都是偏稳定成长类的，大众消费品居多，没有配白酒，是不是比较喜欢变化小的公司？

傅友兴： 我以前买白酒比较少，这与我个人对这个行业的理解程度不够有关。我自己很少喝酒，辨别不出产品的差别。另外，白酒跟一般消费品不太一样，一般消费品的增长主要是靠量的增长，白酒特别是高端白酒的盈利增长，价格增长的贡献占比不低，我不是特别能理解它的增长预期和持续性。所以，我的产品组合买的都是我自己跟踪比较多、偏大众消费品的公司。

风险控制：三个维度降低组合回撤

朱昂： 能否谈谈你控制风险的方法？

傅友兴： 总体来说，我主要通过三个层面来管理组合的风险。第一，在大类资产配置上，我会注重股票整体仓位的控制，在估值处于高位时倾向于逐步减持；第二，我的行业配置较为分散，会控制单一行业的集中度；第三，我对估值的安全边际比较关注，当持有个股的估值上涨到历史高位区间时，我倾向于认为预期收益率会随之下降，通常会选择减持。

朱昂：你如何评估组合风险？

傅友兴： 组合的风险包含两个层面，一是组合中每一个持仓的风险，二是组合是否保持相对分散与多元化。我在评估每个持仓的预期收益与风险时，会对业绩与合理估值做相对谨慎的计算，不会以很乐观的价格计算未来空间。所以，我在组合管理上会动态调整股票持仓。当持有的一只股票涨了 30% 或 50% 时，我会认为继续持有的风险性价比比较低，就会减持，换成性价比更高的股票。

朱昂：以你非常注重估值合理性的投资理念，是不是价格贵就不会买？

傅友兴： 买入价格是决定收益的重要因素之一，我买股票主要是看合理的估值，看盈利增长。A 股过去五年、十年的年化收益不是很高，因为某个板块阶段性的估值会被炒得很高，在高位买入不会给持有人带来收益。因此，我更愿意等真正的好公司，在估值消化到合理位置或者低估的时候买入。

朱昂：你在卖出股票时会考虑哪些因素？在你的体系中是怎么考量估值的？

傅友兴： 在股票调仓时，我只考虑一个因素，即预期收益率。打个比方，原来买一只股票，预期未来三年复合收益率有 20% 或 30%，但买入之后，由于股价上涨或者基本面变化，预期收益率大幅下降，这个时候我会减持。我主要基于盈利预测、公司治理，以相对统一的标准去考虑组合的增减操作。

至于估值，针对 A 股不同行业采取的方法不太一样，我的做法一般是看过去三年、五年估值的波动中枢是多少，根据估值范围判断股票市值，再算买的时候预期收益率有多少。对于未来几年能保持相对较快增长且持续时间比较长的公司，我会进行现金流贴现，看合理估值是多少，然后根据这个决定持仓。

朱昂： 好公司和好价格其实很难兼顾，你如何买到又好又便宜的公司？

傅友兴： 近年来在市场上挑选又好又便宜的公司变得越来越难了。A股的机构越来越多，外资不断涌入，市场变得越来越有效，这使得定价也越来越有效，好公司逐渐走入大众视野，估值逐渐提升，想通过捕捉错误定价来低价买入的机会越来越少了。好公司有时候只有在发生问题或者在外部环境发生变化时，才能给大家一个便宜的价格。不过，我也不是一定要等到公司出现困境才去买，如果在一家公司上能看到未来几年比较稳定的预期收益率，我也会去买。

朱昂： 优秀的基金经理都有竞争优势，竞争优势构建了稳定的Alpha来源，你觉得自己的竞争优势是什么？

傅友兴： 我管基金的时间还不够长，所以谈不上什么优势或者能力圈。整体上，我感觉自己相对保守，在震荡市会顺手一些。

我们这个领域和其他领域不同。有人说NBA球星练习投篮，一万个小时命中率就很高。而我们这个行业，每年面对的市场都是变化的，历史上都不一定出现过，不能够让我们提前练习。我们每个人的能力都是有限的，不能够每一次都精准预测会发生什么。

当市场出现大幅度调整时，我考虑更多的是行业基本面的变化、持仓公司的变化，以及组合整体承担的风险。长期来看，有风险意识很重要。只要把风险控制住，降低组合的波动，权益资产还是能给持有人带来不错的长期收益的。

投资理念与观点

▶ 我在选股时，比较看重一家公司过去三年或者五年的盈利能力、财务的稳健程度，其中一个重要的指标就是 ROIC。

▶ 定量分析只涉及公司投资的一部分，定性判断比定量分析更重要。

▶ 理论上，ROIC 当然是越高越好，但是 ROIC 越高，可持续的概率就越低。我觉得社会正常的股权风险收益率或者社会平均的 ROE 是 7%~8%，如果公司的 ROIC 比这个高一倍，而且过去 3~5 年比较稳定，说明其盈利能力比较强。

▶ ROIC 的高低跟行业属性或者说商业模式有关，其表现为公司在产业链中的地位不一样，公司真实经营占用的资本有所不同。

▶ 在股票调仓时，我只考虑一个因素，即预期收益率。

| 第 12 章 |

价值投资中的"道"和"术"

访谈对象：程琨

访谈日期：2021 年 4 月 30 日

认识程琨，还要追溯到 2010 年，那时候他还只是一个机械行业的分析师。程琨当时给我的强烈感觉是，他看公司、做事情比较认真，有很强的独立思考能力，也看重估值。记得他还是分析师的时候，我们当时组织过一次福耀玻璃管理层的反路演，那是 2013 年左右，大部分人都在关注传媒、手游、电影等新兴产业，而程琨就对福耀玻璃很感兴趣，认为公司确实被低估了。

反路演过了没多久，我就从公开信息中看到程琨所在的基金公司成了福耀玻璃的前十大股东之一，当时确实是在福耀玻璃一个比较低的位置买入。今天许多人都知道要买管理层优秀、具有竞争壁垒的好公司，可是在 2013 年，大家更喜欢"性感"的公司。

在这一次和程琨的访谈中，他一上来就跟我说，希望多讲一些投资中的"道"，少讲一些"术"。他把价值投资的本质归结为三点：使命、专业、责任。一个企业最核心的驱动力是使命感，它能让企业持续进步，带来更强的专业度，从而也使企业能够承载更大的责任。价值投资就是这样一个螺旋式上升的过程，也是一个熵减的过程，本质上是持续的能量输入。这也是为什么价值投资能成为世界第八大奇迹。

程琨一直强调，只有投资中的"道"才能构建护城河，而"术"是无法构建护城河的。他一直强调，无论是做投资，做基金经理，还是做人，都不要想着去走捷径。通过和他的访谈，我也理解了智慧和聪明之间的区别。我们采访了那么多基金经理，程琨是极少数把自己当作企业家看待的。

在访谈的过程中，他还提到了大量生物学知识，从细胞进化、生物发展的角度出发，给我阐述了价值投资的威力有多大。

在访谈之前，程琨的同事跟我解释，为什么这一次特意要让我访谈他，是因为他们觉得程琨的许多表述比较"晦涩"，一般人似乎听不太懂。和程琨一聊，我就能感受到这种价值投资的"语言"确实不像聊聊怎么选股、怎么构建组合那么简单，它是一种底层的思维方式。

投资，不是找到一个公式，不会有终极答案，这也是为什么价值投资能够越来越值钱。

谈到使命感的时候，我给程琨看了自己的微信签名"爱，是穿透一切的力量。做一个有使命感的人"。本质上我们是一样的人，只有使命感才会带来不断的自我驱动！

价值投资的本质是：使命、专业、责任

朱昂： 能否谈谈你的投资理念？

程琨： 我的投资理念遵循经典的价值策略，价值本质上是投资中最底层的东西，也是我的思维方式。过去很多年我一直做价值投资，也一直在思考，价值投资本质上最底层的要素是什么。

价值投资的本质归结为三点：使命、专业、责任。价值投资的底层思维是对问题的本质看法，用底层的思维去理解社会的变化，以及是什么在驱动这些变化。价值投资为什么看重企业价值，而不是股票价格的涨跌？最本质的原因是，价值投资者在不停思考底层资产的长期逻辑是什么，是什么在驱动底层资产的长期逻辑，而不是去判断价格会怎么表现。使命、专业、责任这三点，都有很深刻的思想蕴含其中。

一个企业也好，一个基金经理也好，最核心的驱动力是使命感。一个人能够持续进步和进化，本质上是使命决定的，只有使命才能让一个人不停往前走。使命感带来能力的提升，能力提升后需要承担更多的正向责任，责任越大越需要专业性。最终，使命、专业、责任三个元素能够形成一个大的正向循环。价值投资就是这样一个螺旋式上升的过程。

我去调研企业时，总会问一个问题：你的使命是什么？有使命感的企业家有非常强的自驱力。乔布斯说过，一个优秀的企业家一定要有赚钱以外的其他追求。都说要买高质量的企业，背后其实是买高质量的企业家。

我们认为的企业价值，并不是用财务模型算出来的价值，而是在

社会中的价值。事实上，基金经理也在创造社会价值，我们只有践行了来自社会价值的个人使命，通过专业能力承担了社会责任，才能为大家创造价值。我们做投资也是在推动社会进步，企业家通过企业家精神创造社会价值，我们不直接参与企业的经营，我们的价值是：争取在企业家需要的时候能成为优秀企业家的副驾驶。

长期来看，价值投资在不同国家、不同市场都会有效，并不是因为买最便宜的股票这套方法有效，而是因为价值投资一直在遵循符合社会价值方向的事情。

朱昂：在投资风格上，你有比较鲜明的逆向投资和绝对收益风格，背后的原因是什么？

程琨：这都是价值投资的结果。本质上，逆向投资是价值投资的一个表现方式，目的是控制风险，逆向投资不能解决所有的投资问题，只是践行价值投资的一个原则，但这个原则又是必须遵守的。价值投资中的责任，包含了对持有人的信托责任，逆向投资本质上是在责任端通过控制风险来践行这种信托责任，不是拿别人托付的钱来追逐市场的热点。

绝对收益更多是基于我们投资的行为模式，并不是短期一定要获得正收益，而是从长期角度思考问题，对于每一笔投资的真实风险进行审慎评估，包括如何控制和回避风险。最终，价值投资的每一个环节都是社会责任的体现。我们并不追求每一笔投资都有短期正收益，而是希望每一笔投资的收益和风险敞口都是最优的，这也是一种投资者责任的体现。

智慧是有复利性的，聪明是时间的敌人

朱昂： 一个投资人怎么创造价值？

程琨： 从生物学的角度出发，进化和适应性是整个社会发展中最重要的东西，我们通过洞察发现价值，把对于社会的理解和洞见传递给企业家。我希望找到有社会价值的企业家，在他们需要的时候，把自己的认知分享给他们。在某些时候，基金经理和企业家在思考维度上能形成互补，这让企业家在社会实践中能够更好地去实现社会价值。

价值投资很关键的一点是强调底层思维，强调把握事物的本质。而本质会产生内驱力，推动自己不断地成长和进化。我们通过与企业家交流，找到这个底层的驱动力，在这个过程中也能推动自身不断成长。芒格就非常认同爱因斯坦说过的"复利是人类第八大奇迹"。什么会产生复利？生物学和耗散结构论有类似的解释——进化和熵减。

大多数时候，生物本能会让人类追求聪明，但我认为聪明可能是时间的敌人，并没有复利性。价值投资追求的是智慧，智慧是有复利性的、能够传承的、有外溢性的。智慧的特点是很慢，但可以积累，在积累的初期往往看起来微不足道。

一个人的使命感能够驱动智慧持续增长，优秀的企业家在每一个阶段都能让自己不断进步，这是非常关键的。基金经理也能通过持续和头部企业家交流，看到社会发展的使命。

坦率地说，我个人比较反对简单地谈赛道。这个社会是变化的，不是简单地用几个赛道就能解决所有的问题。赛道投资是一种风格投资，不是价值投资。好赛道只是解决了幸运的行业的问题，但是社会

发展本质上是一个复杂的问题，不是一个赛道能解决的。思考优秀的企业家如何选择战略、构建组织架构以及适应社会环境，这才是价值投资者真正的工作重点。

使命、专业和责任是一个大循环，有了使命感，才有专业能力去做支撑，才能看得更远，思考得更深。我们必须在很多领域不停地往下看，往深看，才能更有体系地理解企业的组织架构、护城河、外部环境和内部团队。

专业是驱使你实现使命的关键点，如果没有专业上的不断深入，就无法对企业有更深入的见解。我希望自己成为思考企业经营的专家，能和企业家探讨一些有深度的企业经营问题，而不仅仅是交流业绩问题。企业需要什么样的组织，生意的本质是什么，怎么搭建护城河，这些都是我们可以和企业家探讨的方面。企业家擅长发现机会点，并且善于管理和执行，投资人擅长做系统性思考、结构性总结，这两种特质有时候会碰撞出火花。我们在和优秀企业家的探讨中，会学习到很多，这些都会成为我们的财富，提升我们的认知，形成一个基金经理的专业能力。

我们认为短期市场往往会失效，因为短期市场的交易基本上只体现了市场的偏好，这个偏好并不能完全代表一个企业的未来。尽管我们都知道优秀的企业家一定是稀缺的，但是真正愿意陪伴优秀企业家成长的人更少。芒格说过，价值投资在市场上一定是稀缺的，就是因为很少有人愿意不停地在专业上切入，大家都希望快速实现预期收益率。李录也说过这个问题，如果利益驱动太多，很容易走偏。一个人要明白自己到底是使命驱动，还是利益驱动。

我也很推崇芒格的跨学科思考，很多问题在不同领域都有解释。社会科学并没有一种公理。我自己也看了许多多学科的书，帮助我理解这些问题。

朱昂：说了很多关于使命、专业的话题，能否再说说你对责任的理解？

程琨：责任是价值投资中非常关键的点，毕竟我们是基金管理人，在实现使命的同时要承担受托人责任。作为公募基金经理，我们每笔投资的出发点一定要从持有人的长期利益出发，把持有人的每一分钱当成自己的钱来打理，充分考虑每笔投资可能暴露的风险。我们经常提到的安全边际和逆向投资，其本质是控制风险。

责任的另外一个内涵是社会责任，一个基金经理要有洞见，把资本有效地配置到有意愿且能够为社会持续创造价值的企业上，通过分享企业的成长来创造价值，而不是博弈。我们要追求的是正和游戏，不是零和游戏，这是很关键的责任。比如我自己的持仓时间很长，换手率很低。

最终，使命、专业、责任三点是互相串联在一起的。使命驱使我们不断进步，进步了就更加专业，从而有能力承担更大的责任，这就是价值投资最本质的运作方式。

反过来说，价值投资从来不是一种套路或者简单的方法，不能够解决所有问题。价值投资也不是一条捷径，如果那样想就大错特错了。为什么价值投资者越老越吃香？我觉得就是因为价值投资者能不断地自我进化，这也是巴菲特和芒格可以做那么久投资的原因。

不断循环向上，就是熵减的过程

朱昂：你对价值投资的理解是如何慢慢进化到今天的？

程琨： 这是一个不断循环的过程。当我们和优秀的企业家探讨比较深入的问题时，可以更清楚地看到驱动他成长的底层因素，再去思考企业和社会的关系。通过持续的深度交流，我们也能在过程中不断成长。

我们必须让自己足够专业，才能和企业家进行对等的交流。当企业家认为你也是有价值的人时，才会愿意和你深度交流。

我们并不需要和特别多的人交流，但是一定要有质量地交流，把问题谈透彻。

不断螺旋向上的过程，就是熵减的过程，本质上是持续的能量输入。

朱昂：判断人是很难的，许多成功的企业家也有幸存者偏差，你怎么看清楚人？

程琨： 看人的能力，是投资者需要不断进化的核心能力。如果我们所有的问题都可以用一个公式解决，那还怎么进步？越往深层次看，我们就会发现自己的知识越有限，就越需要不停地学习。理解企业家也是一样，我们需要经历和阅历，并从多个角度去理解人的问题。

在资本市场体系中，一个很大的问题是从数理化的角度看问题，直接解题目来获得答案。但是，社会进步没有简单的答案。因此我不认为自己已经找到真理了，我还在不断地学习。

深入到生意本质的思考

朱昂： 说了不少投资中的"道"，能否也谈一些"术"，你是如何具体做投资的？

程琨： 首先，安全边际是我一直遵守的原则，我对企业估值的要求很高。我一定会在自己认为合理的估值范围内选择标的，这一点反映了我对风险、对自己责任和能力圈的思考。

其次，我希望在投票不是那么充分的领域找好东西。芒格说过，市场上大多数人没有常识，大部分人看到的是共识，共识并不代表常识。我认为，有时候市场上的共识会偏离常识，这是市场无效的原因。你要和市场保持一定距离，才能更好地去思考常识问题。

我觉得市盈率是一个最简单有效的指标，可以让人一目了然地看出市场的冷热。

朱昂： 有朋友跟我说，你很喜欢阅读多学科书籍，看了很多经济学、企业管理、会计等方面的书，对企业的基本面研究很深入，能否谈谈你如何研究企业？

程琨： 在"术"的方面，我会思考企业的护城河、企业的价值如何体现，对企业财务指标有什么要求，如何把企业的生意要点归纳出来，如何看待企业的组织文化。比如，每一个企业都有财务数据，我们要根据企业的经营特点找到具有代表性的指标。像制造业企业要看固定资产，服务业企业要看费用率结构。你必须知道这个企业在经营这个生意时，什么是核心要点。有些消费品企业把自己定位成品牌，有些把自己定位成渠道，有些甚至把自己定位成制造商，从财务报表的特点上就能看出不同。

我会从多学科的角度去看企业的护城河，护城河旁边的水是流动的，不能过于静态地去看企业的护城河。比如生物学会从生态以及种群去看护城河，这些都很有借鉴意义。我们还要去思考企业的组织架构，这个生意需要什么组织架构，组织目标是什么。

巴菲特说过，要找一个最矮的栏杆跨越过去，我非常赞同，能够深度思考一个企业的护城河和商业模式是投资人的基本功。

现在和过去还有一个不同点：生产资料发生了巨大变化，原来生产资料以设备为主，而现在更多是人。这对企业的经营也提出了更高的要求，你需要去看企业怎么适应这种变化。

只有"道"才能成为基金经理的护城河

朱昂：那么你怎么看待自己的护城河？

程琨：使命、专业、责任的知行一致，就是我的护城河，包括认知的深度、对问题的理解、对使命的理解、对责任的理解等，长此以往，不断加深。只有"道"，才能成为护城河，"术"是无法成为护城河的。

搭建个人护城河需要时间，需要积累，甚至需要大量的反人性行为，我一直相信只做顺人性的事是很难形成护城河的。

朱昂：你怎么做到反人性呢？

程琨：我从小就不是特别喜欢从众。遵循自己的价值观，不需要迎合所有人，相信内心的东西，并且不断追问自己这些东西是不是对的。这个问题，张磊在他的《价值》一书中提到过。只有敢于问自己的内心，才能不断积累，不停地自我驱动。

朱昂： 做到对自己诚实很难，你怎么看诚实这个问题？

程琨： 我觉得我们可以从自己的错误中反思自己，从而做到对自己更诚实。我在2016年对市场比较悲观，买了很多黄金股，也把仓位降得很低。那一年，我的业绩很好，市场上大多数股票是下跌的，但我的净值是上涨的。过去我自下而上的选股一直做得比较好，2016年的择时成功让我误以为自己宏观判断的能力也很强，也能把择时做好。

2017年，我延续了2016年的做法，最终的表现是我选的黄金股跌了20%～30%，而我自下而上挑选的价值股涨了接近一倍，但是整体仓位很低。那一年，我的业绩比较一般，这就是对自己内心不够诚实的结果。我开始深度反思自己的能力圈在哪里，应该做什么事情。

一个人要经历很多事情，才能真正从内心认识自己。每一段经历对人生长期来说，价值都是很大的。诚实是一种品格，也需要修炼，特别是当你使命感变高、责任变大以后，诚实这个问题会至关重要。

价值投资者注定是孤单的

朱昂： 过去几年价值投资策略表现很差，你怎么看这个问题？

程琨： 芒格说过，价值投资之所以有效，最主要的原因就是它不会一直有效。过去几年价值投资碰到的困境并不代表价值投资没有用了。我会坚持自己的原则，同时也会尽量避免价值陷阱。我并不觉得市场上的共识一定是正确的，原则本质上是对常识的尊重。我觉得很多企业的发展都是有边界的，我相信树长不到天上。

部分低估值股票表现不好，有部分原因是经济结构发生了变化，人作为重要的资产并没有被计入企业账面价值，生产资料的变迁在财务指标上看不到，因此价值投资者也需要用进化的眼光去看企业。

朱昂： 你会不会在认知上升到一定高度后，发现很难和大部分人交流？

程琨： 投资一定是孤单的，创造价值的企业家本来就是少数。换个角度看，我们做投资最幸运的地方，就是可以做选择，包括选择和你交流的人。其实优秀的企业家也是很孤独的，需要群体安全感的人很难持续成功。

朱昂： 价值投资者就像苦行僧，那么什么能带给你快乐？

程琨： 我觉得这是一个问询内心的问题，对于我来说，当我不停在为自己的价值和使命努力的时候，我就会感到非常愉悦。

投资理念与观点

▶ 价值投资为什么看重企业价值，而不是股票价格的涨跌？最本质的原因是，价值投资者在不停思考底层资产的长期逻辑是什么，是什么在驱动底层资产的长期逻辑，而不是去判断价格会怎么表现。

▶ 这个社会是变化的，不是简单地用几个赛道就能解决所有的问题。赛道投资是一种风格投资，不是价值投资。

▶ 护城河旁边的水是流动的，不能过于静态地去看企业的护城河。

▶ 部分低估值股票表现不好，有部分原因是经济结构发生了变化。

| 第 13 章 |

真正向巴菲特学习价值投资

访谈对象：安昀

访谈日期：2020 年 4 月 24 日

    我和安昀认识了超过 10 年，而且属于交流还比较频繁的好朋友，他身上有两个特点对我的影响很大：一个是健身，一个是看书。毫不夸张地说，他是我认识的基金经理中，身材最壮硕的。记得有一次我家门口的健身房不卖普通会员，只卖私教课。我问安昀要不要买，他说："你来我们楼上的健身房，我教会你几个动作就行。"那一天他教了我深蹲、硬拉、飞鸟以及引体向上几个动作，我发现原来自己的力量和他的差距那么大。

    安昀告诉我，他读大学的时候是一个 230 斤的大胖子，以至于毕业时的毕业服都穿不下（那个毕业的袍子其实是很宽松的），也因此没有出现在学校的毕业照上。之后，他开始健身减肥，这个习惯保持了十几年。今天，他已经能一口气做 30 个引体向上了。

安昀的另一个特点是爱读书，他几乎所有投资类的书籍都看过，还在公司内部组织读书会，甚至和我一起做翻译书籍的公益活动。我们2020年一起翻译了一本金融书。记得当时我给了安昀一个截止日期，然后他很快在截止日期之前就把翻译发给我了。他告诉我，为了翻译这本书，他春节带孩子去北海道滑雪的时候，自己一个人在酒店里面翻译。从这件小事中，也能看到他的责任心。当然，这些付出都是有结果的。许多身边买了这本书的朋友都大赞翻译，说一看就是真正懂投资的人翻译出来的。

安昀一直跟我说，价值投资是一个很好的投资方法，也是一种很好的生活方式，你看到自己在做一个长期有意义、有复利效应的事情，就会逐渐爱上这种方式。他拿健身举例，一旦长期健身看到了身体变得更加健康，就会更加喜欢健身这个习惯。他曾经半开玩笑地跟我说，想做一个兼职健身教练，后来发现确实没有时间。

和安昀一起健身一次后，我自己痛定思痛，也开始一周健身三四次，为此特意把办公室搬到健身房旁边。健身、读书、带娃都是我们两人生活中最核心的组成部分，从这一点看，我们确实有很大的相似之处。当然，更多是我向他学习。

作为很爱阅读的人，安昀推荐了一句话："不得贪胜。"这句话其实来自一本书，讲的是韩国围棋天才李昌镐的故事。这里引用一些他当时的读书笔记，或许能带来更好的启发：

> 围棋十诫：不得贪胜、入界宜缓、攻彼顾我、弃子争先、舍小取大、逢危须弃、慎勿轻速、动须相应、彼强自保、势孤取和。围棋显然是争胜的游戏，但十诫中

首条却是"不得贪胜",并且其中关于"舍弃"的有三条之多。这告诉我们,要想获得胜利,必须先学会如何避免失败。我们的首要目标应为"求不败",而非"求胜"。胜的背后就是败,当你一心求胜,必然同时增加失败的可能性;而"不败"的背后是"不胜",首先尽力排除败的可能性,那么剩下的结果就只有"胜"或"不胜"了。

人生的目标自然是"求胜",但是对目标过于执着,就会让我们心浮气躁、视野狭窄、思维僵化。"不得贪胜"并不是让我们放弃"求胜"之心,而是要我们时刻保持头脑冷静,避开各种诱惑,认清自己,从而发挥自己最大的潜能。《孙子兵法》说,"是故百战百胜,非善之善者也;不战而屈人之兵,善之善者也""胜兵先胜而后求战,败兵先战而后求胜"。胜负只是围棋向我们展现的世界的一个小小角落,但许多人都错误地认为胜负是围棋的全部。

作为一个投资者,以平和的心态看待成败得失,成功的事情简单重复去做,是投资者追求的最高境界。一个人的投资命运、结局,主要不是外在市场原因造成的,而是源于投资者本身。投资是一种孤独的游戏,投资者在市场中注定是孤立无助的。我们要在金融市场上生存下去,要一以贯之地按照自己的投资体系观察和操作,要时刻保持一种理性而又节制的心理状态和行动能力,科学和艺术都是无能为力的。能够给我们的投资活动从开始到结束提供巨大力量的恰恰是信仰的支持,每一次交易决策的背后是我们对自己体系的坚定信仰。相信什么就有什么样的交易。小智为财奴，中智为克己，大智为信仰。资本市场就是把钱从内心狂躁的人的口袋里留到内心安静的人的口袋里的一种游戏。

看了很多书，安昀对价值投资已经有了很强的信仰，这种信仰也不会因为各种外部和内部因素而动摇。用一句话说：因为相信，才会看见。他相信价值投资，才会看见价值投资带来的必然效果。

买入现在的价格低于内在价值的公司

朱昂： 我们看到巴菲特的长期年化收益率高达 20%，1964 年至今的总回报高达 27 440 倍，您觉得这背后的原因是什么？

安昀： 我认为有四个方面。第一，巴菲特曾经说他中了娘胎彩票，他出生在美国，并且主要投资时段的投资标的都在美国。回顾全球百年的股票历史，长期稳定向上的市场并不多，大部分市场起来一段时间，后面就下去了。只有少数几个包括美国在内的市场，是长期稳定向上的。巴菲特在多次访谈和致股东的信中都提到过这一点。

第二，巴菲特在很年轻的时候就想通了"时间的朋友"的道理。这个道理合乎逻辑，并且可以付诸实施。

第三，巴菲特找到了可以长期践行这种"时间的朋友"投资策略的商业模式。你看到巴菲特买下伯克希尔-哈撒韦之后，创办了保险公司。保险公司的浮存金能够提供很低的资金成本。所以巴菲特经常说，他希望看到好公司的股价下跌，因为他的资金成本很低。好公司下跌后，投资的预期收益率就提高了。每一次这些优秀标的下跌，对于有源源不断的浮存金可以买入的商业模式都是有益的。

第四，我们光"知"是不够的，要"行"出来。"行"出来并且长期坚持比知道要难得多。你不仅要克服自己的人性，还要克服客观的约束条件。巴菲特通过持续的投资并获取收益和投资者教育，树立了信誉的护城河。我们知道投资公司是有复利的，其实投资信誉也是有复利的。巴菲特信誉的复利到了后期，也给他带来了巨大的回报，帮助他坚持长期投资，和时间做朋友。

朱昂： 许多人认为巴菲特的价值投资就是买最便宜的那些公司，巴菲特的老师格雷厄姆也以投资"烟蒂股"出名，那么巴菲特的价值投资到底是不是买低估值的公司？想问问您的看法。

安昀： 看巴菲特早期的致股东的信以及早年的访谈，会发现有三个人对他产生了比较大的影响。第一个当然就是格雷厄姆，因为巴菲特上过格雷厄姆在哥伦比亚大学开设的价值投资课，并且曾经在他的投资公司工作过。一开始巴菲特的投资当然脱胎于格雷厄姆。我们知道格雷厄姆生活的时代经历了大萧条，经济通缩，股市上有大量低于账面价值的公司存在。格雷厄姆的投资方法就脱胎于那个时代，你会发现他当时能找到很多PB是0.3倍或者0.5倍的公司。格雷厄姆的做法就是把公司买下来，重组之后再把公司卖出去。这能获得比较有确定性的收益。

第二个对巴菲特产生重大影响的人是菲利普·费雪。费雪是著名的成长股投资者，他非常强调成长，认为价值的来源就是企业不断的成长。龙头公司的成长速度远远高于行业的增速，所以应该用比较集中的仓位，去买那些能真正超越行业增速的龙头公司。

再后来，我们知道巴菲特遇到了他生命中最重要的男人——查理·芒格。芒格其实并不是科班出身的投资者，他是律师出身。他并没有从传统金融角度的三张报表去看投资，他给巴菲特带来了全新的启示。芒格曾经跟巴菲特说过一句话："我以公道的价格买入伟大的公司，然后坐在那里就可以了，因为伟大的公司会不断帮助你创造现金流和超额收益。"

之后，你可以看到巴菲特更多采取了费雪和芒格的投资方式，这一方面和巴菲特投资策略的进化有关，另一方面也和时代背景有关。

到了 20 世纪 80 年代之后，很难用 1 倍以下的 PB 买到好公司了，更需要着眼于未来的成长。

此外，从巴菲特的致股东的信和各种访谈中，我们也能看到什么是价值投资。价值投资是用现在的价格去买低于内在价值的股票的行为。这里面有两个变量，一个是现在的价格，另一个是内在价值。现在的价格其实是"明牌"，而内在价值的判断就很有技巧性了。

我印象很深的是，每年股东大会，都有投资者问巴菲特持有的可口可乐、喜诗糖果贵不贵。巴菲特每年的回答都是，他觉得它们现在的股价没有反映内在价值。这些公司很适合用现金流折现（DCF）模型做估值，它们经营的时间非常长，可能 50 年以后都还存在，那么用现金流折现回来后，意义就不一样了。另一些公司可能持续经营的时间很短，比如有些公司只能看 5 年，那么就很难用现金流折现去算估值。

在巴菲特的投资组合中，大多数都是可以折现到很远的公司。比如说喜诗糖果，巴菲特儿时就看到大家去买来送给亲戚朋友，如今他 90 多岁了，还是如此。在巴菲特的持仓中，大多数都是这种很稳定的公司。我们看到巴菲特很少涉足科技股领域，这和他的投资理念是一致的。我看过他很多传记，他在很年轻的时候就认识比尔·盖茨，但是他一直没有投资微软。他说："我不知道 5 年后微软是什么样子。"这句话很好地反映了巴菲特对估值的看法——做现金流折现，一定要看到公司 5 年、10 年、20 年甚至更远以后的样子。

巴菲特不断用比较低的资金成本，买入现在的价格低于内在价值的公司，这样他的投资收益就是不断往上走的。

朱昂：巴菲特这次的致股东的信也提到，好的公司未必要把钱全部分掉。想听听您在这方面的看法？

安昀：对于我们职业投资者来讲，是希望公司把现金都分出来的。

公司手上有大量现金，会有很强的扩张冲动。只要是职业经理人模式的公司，基本上都有很强的扩张冲动，力求把公司的规模做大。一家公司手里有自由现金流，是有条件把公司做大的。

现金流可以分给股东，也可以用来做资本开支，这完全是由公司管理层决定的。做资本开支并不会降低ROE，甚至能提升ROE，我们基金经理是欢迎的。但是现实中也有不少公司，主营业务本来就很赚钱，很难找到第二个如此赚钱的业务，却也有很强的扩张冲动。这时候，从一个基金经理的角度出发，如果管理层找不到一个ROE至少与主营业务相等的业务进行扩张，那还不如把现金分给我，让我来找一家ROE很高的公司进行投资。

我觉得，要理解巴菲特这句话的意思，就要和他的投资哲学相结合。巴菲特看公司，第一重要的是护城河，第二重要的是管理层。他曾经说过一句话，什么是好的管理层？就是那种你看到他后，希望把自己的女儿嫁给他的人。巴菲特和其他大的投资者不同，他很少介入公司运营，基本上是站在一个财务投资者的角度。即使他有董事会席位，也不会去干预公司决策。巴菲特在做投资前，已经做好了管理层筛选。

此外，还有客观条件约束。在现在这个时间点，利率在很低的位置，巴菲特的现金越来越多，要找到能够容纳他资金体量的机会变得越来越难。这也有助于理解巴菲特为什么会说有些好的公司不需要把钱全部用来分红。

朱昂：去年有一家量化对冲基金 AQR 对巴菲特做了归因分析，说巴菲特的成功来自质量和价值因子的结合，类似于您说的用公道的价格去买伟大的公司。还有一点许多人忽视了，就是巴菲特会买入低波动、低 Beta 的公司。巴菲特发现这类公司的收益和风险并不匹配。这一点也想听听您的看法？

安昀：我们做投资都认为风险和收益是同源的，但价值股是一种特例。价值股的波动是比较低的，收益率是比较高的。无论是美股还是 A 股，价值策略明显都跑赢了成长策略，这是客观数据呈现的，所以价值策略的夏普比率是比较高的。

朱昂：巴菲特的方法对于 A 股投资者来说有哪些地方可以借鉴？

安昀：投资股票本质都是一样的——买一家公司未来现金流的折现。我们看现金流折现模型，会发现几个因子：公司产生现金流的能力、成长性、持续性、业绩增长的平稳性。巴菲特最核心的策略是以公道的价格买入伟大的公司，这里面核心的问题是，你买入的是不是伟大的公司。

如果买入一家价值毁灭的烂公司，那么买入价格再便宜也没有意义。但是如果你买入一家伟大的公司，就算买得稍微贵一些，也是输时间不输空间。这里面又涉及价值观的问题。巴菲特和芒格都比较相信马太效应，认为强者恒强。对 A 股来讲，我们的核心工作是找出谁是伟大的公司，并且保持跟踪，然后在一个合理的价位买入，我相信超额收益是非常大的。其实在 A 股的每一个行业，具有这些特征的公司并不多。

在 A 股投资，要做的几点是：第一，找出优质的公司；第二，保持跟踪；第三，在给你买入机会的时候就要下手。

大家之前有些误解，觉得A股市场以散户为主，波动很大。其实回头看，A股许多公司的Alpha非常大，比如白电的那两家龙头、高端白酒的那几家公司、银行和保险里面的龙头，其实拉长时间看，它们的Alpha都是巨大的。我举一个极端的例子，如果一只基金全仓茅台和五粮液不动，那么过去五年这只基金应该就是全世界业绩最优秀的基金。

不得贪胜：价值投资是一种生活方式

朱昂：确实，其实A股的优秀公司创造的价值是巨大的，大家亏钱很多时候就是没有学习好巴菲特的投资理念，买了一些垃圾公司。那么您是如何践行价值投资的呢？

安昀：首先，我们是机构投资者，是要面临考核的。这也就是为什么我说一只基金全仓茅台和五粮液是一个极端的例子，因为真正践行价值投资是很难的，价值投资是很稀缺的。这也是为什么我前面会提到巴菲特不断建立良好的声誉，通过声誉的护城河不断践行价值投资。所以我经常劝别人，如果你在A股能够做价值投资，那么一定要去做，你能获得相对收益和绝对收益的双赢。我们看过去十年A股的基金排名，排在前面的基本上都是做价值投资的基金经理，而且这个差距是蛮大的。绝对收益就更不用说了，这些公司整体都是往上涨的。这是一个环境问题，大环境鼓励长期业绩的考核。过去基金经理为什么会博弈做得多一些？因为一年一考核，对于基金经理来说，一年打完一场战役，任务就完成了。这个其实长期来看不太好，所以有一批基金公司开始把考核期拉长。时间是最好的杠杆，能够把很多问题暴露出来。在制度上，要先保证做价值投资的人能够得到奖赏，不做价值投资的人得不到奖赏。这个制度保证很重要。

其次，这在公司文化上也很重要。讲一个题外话，我自己曾经有比较长的减肥经历。我一开始决定减肥的时候看了很多书，其中有一句话特别打动我：减肥不是一个行为，而是一种生活方式，当你接受了这种生活方式，你自然而然会瘦下来，还会对这种生活方式产生很大的黏性。价值投资也是一样，要在公司内部鼓励和倡导价值投资的文化。平时的言行、做事情的方式、做决策的原则都要和价值投资一致。我们要做时间的朋友，做事情注重过程而非结果，做大概率的事情，做长期可积累、可复制的事情。人是很难表里不合一的，不会说做投资的时候遵循价值投资，不做投资的时候又变得目光短浅。

最后，从技术层面上讲，我们会有许多专业性的筛选。简单来说就是识别出优秀的公司，并且保持跟踪。优秀的公司也会变差，本来不优秀的公司也会成长为优秀的公司。所有投研人员都会努力维护优秀公司的股票池，然后在优秀公司的估值变得合理时介入。

此外，我认为个人投资者其实更容易学习巴菲特。个人投资者其实不用和其他人比，你就以绝对收益为目标，心态能更好。因为和人一比，就很容易走形。芒格说过一句话："为什么富人相对来说比较少？因为很少有人愿意慢慢变富。"太多人想快速致富，反而容易弄巧成拙。

朱昂：其实价值投资不仅是一种投资方式，更是一种价值观和生活方式。

安昀：巴菲特本人的生活很节俭、简单。他生活在奥马哈这样一个小城市，房子很老旧，每天在办公室里就是看年报和看书。这就是巴菲特的生活方式，和他的价值观是一致的。

朱昂：您前面提到价值投资其实不用去和身边的人比，这个很有启发性。在 A 股经常听人说，一年五倍的很多，五年一倍的很少。其实我们不需要追求很高的收益，而是要追求正收益。这里也想问问您，如何看待绝对收益？

安昀：这个问题可以结合我之前看的一本书来讨论，这本书讲到人均 GDP 比较高、比较富有的国家，和人均 GDP 比较低、比较穷的国家之间有什么区别。光从数学角度讨论有几个规律，其中一个规律是富国 GDP 的增长不是很快，但很少负增长。

从长期累积收益上看也是一样的，复合收益率高并不是因为某一个年份的业绩很好，而是因为负增长的年份少。比如第一年我身边有人赚了 2 倍，我才赚了 20%，我很郁闷。第二年我身边又有人（但不是之前那个人）赚了 2 倍，我才赚了 20%。到了第三年又发现身边有人赚了 2 倍（但不是之前那两个人）。你会发现身边赚很多的人总在换，但是只要自己能保持每年 20% 的收益率，累积起来也是很可观的。

你看桥水基金的业绩，每年的收益率都不是很亮眼，但是它基本上不亏损，累积收益率就很高。这个其实很反人性，越是追求快，越是慢。有一句话叫：慢就是快。

朱昂：前面您在讲巴菲特投资时，无论是美股还是 A 股的案例，都会提到一些消费品公司，是不是消费品这个行业比较适合做价值投资？

安昀：我看过一本书叫《投资策略实战分析》[一]，这是美国很资深

[一] 该书中文版已由机械工业出版社出版。

的量化基金经理写的。这本书用量化的方法回溯了各种策略和行业的表现。从行业层面看，消费品的年化收益率和夏普比率都是排名第一的。这可能和美国是世界上比较大的内需型国家有关。从巴菲特看重的护城河来看，消费品公司是比较容易构建护城河的。反过来看高科技公司，护城河可能会被技术迭代颠覆，比如柯达、施乐等。对于高科技公司来说，要不停地投入研发。而消费品公司能够构建比较深、可累积的护城河。

回头看，能够从零开始成长起来的消费品公司很少。我岳父岳母结婚的时候，最牛的酒就是茅台，现在最牛的酒还是茅台。现在比较有名的老八大白酒，都是过去得过奖的。我自己觉得投消费品行业的难度比投高科技行业要低。我们不要觉得自己能够预测未来科技的发展方向，谦逊一些，投那些显而易见的龙头就可以了。

但是，消费品行业的投资比较反人性。我自己是策略分析师出身，我做策略的时候很难去推荐消费品行业，因为大部分消费品的性价比看上去不高，增速不会特别快，估值也不算便宜。这时候你总会觉得这个行业没有性价比。消费品有很强的业绩增长持续性，有很强的复利效应。看上去投资回报不大，其实拉长看能积累很高的复利。在消费品投资上，也能看到慢就是快的特点。

朱昂： 其实今天讲得比较多的一个词是"反人性"，巴菲特真正想告诉大家的是，不要老想着40岁就财富自由，其实价值投资是能干到90岁的。

安昀： 你要爱上价值投资这种生活方式，财富是这种生活方式的一个结果。巴菲特和芒格的财富让人很羡慕，他们的生活状态也是我非常羡慕的。

朱昂：对于个人投资者，有什么建议可以给到大家？

安昀： 我比较喜欢"不得贪胜"这句话，换句话说叫积小胜为大胜。围棋"石佛"李昌镐下棋有一个特点：不追求杀招。他就是以应对为主，在每一步棋上占一点点优势，并不断积累优势。我是比较喜欢慢慢累积优势直到最终胜利的，这也比较符合价值投资理念。对于个人投资者来说，坚定实现自己的目标就可以了，等你实现目标以后回头看，可能已经站在很高的位置了。

朱昂：今天我们从人性的角度谈论了价值投资，价值投资其实很反人性，这也是为什么价值投资那么多年一直还是那么有效。巴菲特每年都会把秘密公开，但是很少有人做到，因为大家很难慢下来。那么最后您还有什么和大家分享的吗？

安昀： 我觉得还是"不得贪胜"吧。巴菲特曾经说过："你把我的投资秘诀刊登在报纸上，也很难有人学会。"最后，希望大家投资成功！

投资理念与观点

▶ 在A股投资，要做的几点是：第一，找出优质的公司；第二，保持跟踪；第三，在给你买入机会的时候就要下手。

▶ 我比较喜欢"不得贪胜"这句话，换句话说叫积小胜为大胜。围棋"石佛"李昌镐下棋有一个特点：不追求杀招。他就是以应对为主，在每一步棋上占一点点优势，并不断积累优势。

| 第 14 章 |

避免投资中的"受迫交易"

访谈对象：徐志敏

访谈日期：2020 年 6 月 16 日

我和徐志敏聊了两次，第一次访谈的时候，一开口他就给我留下了很深的印象，有许多原创的金句"乌云的金边""受迫交易"等。他是一个极少数从心理学层面阐述投资框架的基金经理，而且他非常强调不要去对抗内心，这点和许多人提到要对抗市场完全不同。徐志敏一直说，要呵护内心，要理解内心的脆弱。

这一点或许和他"弱者思维"的心态有关。访谈中，徐志敏推荐了一本书《赢得输家的游戏》⊖，比较巧的是，我很早就看过这本书，它一直是美国最畅销的财经书籍之一。这本书讲了一个很朴素的道理，区分普通投资者和优秀投资者的，不是"击出多么漂亮的球"，而是不要出现失误。徐志敏说，投资目标要放低，不

⊖ 中文版已由机械工业出版社出版。

要老是想着拿 100 分，其实做一个 60 分的基金经理也不错。目标 60 分，不代表你长期收益率低，本质是不要为了更高的收益去冒险。

第一次访谈我预留了一个半小时，但和徐志敏交流显然不够，于是我们又约了一次交流。再后来，我们还一起做了一次直播，也对他慢慢有了更多的了解。

徐志敏一直是黑天鹅交易大师塔勒布的粉丝，塔勒布有一个杠铃策略，是徐志敏很推崇的。简单来说就是持有高胜率和高赔率的两类资产。徐志敏的很多思想也和塔勒布类似，比如对风险的控制。

徐志敏和本书中另一位明星基金经理张骏是前同事，能明显看出他们的关系很好。张骏经常会公开在朋友圈夸赞徐志敏，点拾投资写的徐志敏访谈他都会转发。而徐志敏也经常给人推荐张骏的产品，感觉真的是英雄相惜。他们两位也恰巧都是券商资管的金牛奖得主，当然也都是我本人比较喜欢的基金经理。

从这个细节上，也能看到徐志敏的"弱者思维"。他非常欣赏其他基金经理，也总是愿意去向其他基金经理学习，而从来不是觉得自己特别厉害，别人水平都不行。

在产品设计上，徐志敏追求符合人性，他把回撤控制放在很高的位置。他告诉我们，许多人赚不到钱不是因为基金收益率不好，而是产品的波动太大。通过控制好回撤，能大幅提高持有人的体验。

从这些种种细节，都能看到徐志敏是一名"心理学大师"，真正从心理学和行为金融学角度,去理解投资,并且制定一套符合人性的框架。也难怪,每一次看到徐志敏都感觉他很轻松。他甚至对于一个优秀基金经理的特质也有思考到,在此次访谈中也会提及。

投资必须匹配人性的弱点

朱昂：我关注到您管理的多只满五年的券商集合产品从2015年至今无论是在收益率、回撤控制还是在波动率上都排名同类前5%，能否谈谈您是如何看待投资的？

徐志敏：第一，买股票就是买公司的部分所有权，这一点肯定正确，因为这是定义，只是不同的人会有不同的理解。

第二，投资决策的重要性和可靠性都有边际递减的特征。决策的次数越多，可靠性就会越差。比如，从仓位择时的角度出发，过去十几年真正需要大决策的就是2007年和2015年两次泡沫，其他时期不需要做大的仓位调整，交给选股就可以了。2007年泡沫时期我并没有做投资，但是2015年看到显著的泡沫时，我大幅削减了仓位。同样的思想也适用于个股选择，判断一个投资标的的决策链条越长，可靠性就越低。我在个股选择上，倾向于买入逻辑简单清晰、不需要依靠太多假设的股票。

第三，投资必须要正视人性的弱点，理解人性脆弱、难以接受考验，是良好投资的起点。投资要反复做正确的事，但是在投资领域，投资决策的反馈一方面有时滞，而且时滞长短不一，另一方面有不确定性，因此做正确的事未必马上有好结果，而做不对的事也可能歪打正着。所以，我们常常模糊了正确与不正确的界限。此外，要在可理解与可承受的交集内做投资。如果超出承受范围，即便判断正确也未必能获得收益。

我会用"弱者思维"去看待投资。把自己放在合适的位置有助于投资，投资不需要拿100分，能拿60分，长期的结果就会不错。投资首先要避免犯错，少犯错就能做得不差。其次，不要依赖过长的传导链条做判断。即使每一个环节的可靠性有 90%，最后判断的可靠性也可能会较低，很难用于指导投资。

投资不仅仅是买到多牛的股票，而是要在理解到位的基础上买到足够的数量并且持有足够的时间。急迫地想通过股价来印证自己的结论，其实只是模糊了结论。我的持股相对集中，所以要降低这类决策的频率，提升决策的可靠性。

朱昂：很少有人会将人性放到投资框架中，能否具体说说您对人性弱点的理解？

徐志敏： 在投资中我一直强调要避免"受迫交易"，努力去做"受迫交易"的对手。许多交易我们是被动去做的，因为人性是脆弱的。要理解，人性脆弱是常态，在构建投资框架时，要从呵护内心的角度出发。

很多时候，底部卖出和顶部买入都来自"受迫交易"，而"受迫交易"来自心理层面的压力，一个错误会带出另一个错误。

举一个我自己失败的例子吧。2015 年第一次股市暴跌时，我看到市场出现了明显的泡沫，很早就把仓位降了下来。到了第二次暴跌的时候，我一个产品还有 60% 左右的股票仓位和 40% 的股指期货空头。那时，股指期货正好到期，如果继续转到下一个月的股指期货空头，贴水非常高。于是，我没有继续持有股指期货空头，因为一个技术上的原因，组合头寸在顶部增加。当第二次暴跌到来时，我带着 60% 的仓位大幅下跌，跌幅超出了承受的阈值，最后在底部大幅减仓了。这就是一个"受迫交易"的错误引发了另一个错误，也是我投资生涯中刻骨铭心的时刻。

用"乌云的金边"看待风险

朱昂：您刚刚提到的"受迫交易"非常震撼，能否谈谈如何避免"受迫交易"？

徐志敏：首先，构建组合要兼顾回报的多样性，不要过于追求极致。当然，作为权益多头，泡沫破裂时的组合相关性是很高的，基本上很难用回报多样性来应对。好在显著的泡沫化是能辨识的，在能辨识的范围内给自己留有余量。其次，在买入时，用"八折测试"作为思考的准绳——如果股价基于目前的位置打八折，你愿不愿意买入？如果不愿意，就不要买入。比如 2015 年从 5000 点跌到 4000 点，你不太愿意买，如果涨到 6000 点会导致"受迫交易"吗？我觉得不会。"受迫交易"分两层，受迫买入和受迫卖出。在悲观时我们如果不用工具进行测试，就很难清楚地了解自己在想什么，自己是不是在做价值投资，或者自己是不是言行一致。

我会自问：假设在 2000 点满仓，跌到 1600 点会怎么做？我觉得只要等着就行了。在 2000 点空仓，涨到 2400 点会怎么做？一定会被迫买入，这个是不可避免的。在诸多因素改善的过程中我们会发现，我们原先吹毛求疵的都是我们可以容忍的。

作为一个投资经理，一要有水位感，二要问自己能否通过自己的测试，三要在价格偏离价值不大的地方，通过组合来应对，不要做极致策略。我不喜欢做极致策略，也不具备这个能力。此外，我通常不会购入很多同质股票，我的持股是集中而多元的。打个比方，关于防范风险，我认为防洪堤坝不是越高越好，我不用防住"500 年一遇"的洪水，只要能防住"50 年一遇"的就可以了。

朱昂：这是否意味着，基金经理要能够主动管理自己的情绪，不要因为被动的压力导致动作变形？

徐志敏： 在股票市场，一个人承受的压力是恒定的。如果你不在底部承担持仓的压力，就要在顶部承担踏空的压力。与其市场给你选择，不如自己主动选择。这就如同打仗，既然对决不可避免，那么与其让对手选择，不如自己主动选择时机。然而事实上，大部分时候投资者都会让市场给选择。一句话，主动选择，避免仓位倒置。

价值投资者经常用 DCF 模型里面的贴现率，其实投资有两种贴现率，一种是资本的贴现率，另一种是情绪的贴现率。情绪的贴现率很高，本质上是为延迟满足支付对价。资本的贴现率是很明确的，这笔钱我一年后拿，要支付 5% 的利息。但情绪的贴现率很难算清楚，投资反馈是不确定的，也经常会模糊对与错的界限。

逆向的核心不是对抗市场，而是置信度

朱昂：我发现您的投资风格中也有一定的逆向，做逆向投资如何平衡心理压力呢？

徐志敏： 投资有胜率，也就是正确的概率和正确的量级。如果总是在市场上简单追随、人云亦云，正确的量级一般是受限的。如果硬要和主流看法不一样，其实决策压力也是很大的。

我所说的逆向，是指我们的观点逆主流又恰巧有很高置信度，这时往往是下重注的时候。成功挑战共识是投资皇冠上的明珠。我们不是为了逆向而逆向，而是在自己有可靠认识的时候进行逆向。这里也

延伸出对于风险的看法。

发现乌云金边,提防青蘋之末。我喜欢反过来看。意外是风险的重要特征之一,一定不要从主流广泛热议的悲观议题里找风险源,因为这些议题别人已经帮你操心了,你反而可以偷懒一点,最多是程度不一而已,因此这些不是重大风险源。从这个角度看,经济增速下台阶、中美贸易摩擦长期化、过高的宏观杠杆率,这三点都是共识性很高的事实。广泛的悲观看法是职业投资人的定心丸,如果一片乌云背后有太阳,我们更应该看到的,是阳光从乌云的边上照过来形成的金边。另外,风起于青蘋之末,要从当前的乐观看法和议题中找裂纹,进而提防风险。

换句话说,当市场情绪变得亢奋,把各种近期的、远期的、现实性的、偶然性的乐观因素都贴现的时候,风险等级已经抬高了,应该谨慎一些。反之,把各种近期的、远期的、现实性的、偶然性的悲观因素都贴现的时候,风险等级已经降低了,应该积极一些。

正视弱点,做 60 分投资

朱昂: 你还提到了一个概念"弱者思维",关于这一点能否也具体讲讲?

徐志敏: 关于"弱者思维",我自己的理解有三点:①正视自己的弱点,人性是脆弱的,经不住考验;②在相对复杂的议题上,不要有过于强烈的理论;③哪怕真的如此,也可以接受。

不要把投资建立在每一条假设都要正确的前提下,负向角度其实更可靠。我们判断一个东西是错的，比判断一个东西是对的，更有把握。

想要买在最底部是一种贪婪。我们看到一个底部区域，买就行了，不要等到价格最低才买。所有的拐点都只会出现在历史的后视镜中。车开过去了，才能看到高速出口。不要妄想自己能在股票的底部和顶部进行买卖，不要将拐点定义为一个点，它是一个区间。

知道自己是弱者，就不用追求100分，实现60分也可以。过于急切验证自己的观点，本身就有损于投资，这会导致情绪赤字，一旦回本之后，会有解放的冲动。

要了解投资本身就是应对各种不确定性。最好在成功的时候思考不足，而不要在窘迫的时候做总结。其实有些时候表现不佳不是因为做错，只是好运气不可能一直陪伴我们。

优秀基金经理的四大特质

朱昂： 您对于投资心理学的理解非常深刻，能否谈谈您认为好的基金经理需要什么样的性格特质？

徐志敏： 我认为一个好的基金经理需要具备四个特质：诚实、独立、情绪稳定、有好奇心。

第一个，诚实。不要自己骗自己。许多人买了还是没买一只股票，观点完全不一样，经常会为自己可能的错误辩解。

第二个，独立。我们身处这个环境，经常会受别人的影响。有自己独立的观点，不要被别人潜移默化地改变观点。

第三个，情绪稳定。情绪不太稳定的人，在压力之下容易犯错。情绪不稳定的人做投资，对自己也是一种折磨。

第四个，有好奇心。优秀的基金经理会对新的东西很感兴趣，并且会尝试了解背后的真实逻辑。好奇心是一种驱动力。

投资理念与观点

▶ 投资决策的重要性和可靠性都有边际递减的特征。决策的次数越多，可靠性就会越差。

▶ 投资有两种贴现率，一种是资本的贴现率，另一种是情绪的贴现率。情绪的贴现率很高，本质上是为延迟满足支付对价。

▶ 投资有胜率，也就是正确的概率和正确的量级。如果总是在市场上简单追随、人云亦云，正确的量级一般是受限的。如果硬要和主流看法不一样，其实决策压力也是很大的。

▶ 我所说的逆向，是指我们的观点逆主流又恰巧有很高置信度，这时往往是下重注的时候。成功挑战共识是投资皇冠上的明珠。

▶ 广泛的悲观看法是职业投资人的定心丸，如果一片乌云背后有太阳，我们更应该看到的，是阳光从乌云的边上照过来形成的金边。风起于青蘋之末，要从当前的乐观看法和议题中找裂纹，进而提防风险。

▶ 关于"弱者思维"，我自己的理解有三点：①正视自己的弱点，人性是脆弱的，经不住考验；②在相对复杂的议题上，不要有过于强烈的理论；③哪怕真的如此，也可以接受。

| 第 15 章 |

价值投资的护城河是耐得住寂寞

访谈对象：孙伟

访谈日期：2020 年 3 月 16 日

孙伟是我认识多年的基金经理，他毕业后就进入资管行业，从一张白纸开始，接受了正统的价值投资熏陶。今天，他作为公司的核心骨干，用长期优秀的业绩，证明了价值投资在 A 股的有效性。

我们和孙伟的访谈，正好赶上了 2020 年初的新冠肺炎疫情，当时无法见面，只能在家通过电话连线沟通。但是电话的交流丝毫没有降低这一次访谈的质量。孙伟从价值投资的角度出发，给我们分享了他的投资体系。和许多人不同，孙伟并不认为能力圈越大越好，他认为能力圈应该窄一些。每一天各种各样的投资机会有很多，但只有你能真正把握投资机会，才能赚到大钱。

我们通常会把价值投资者误解为保守投资者，事实上孙伟的投资并不保守，他不是要找那种赚 20%~30% 的投资机会，而是要找到赚好几倍的"本垒打"投资机会。我记得巴菲特说过一句话:"股市就像一场没有三振出局的棒球比赛。你不需要每个球都挥棒,你只需要等待属于你的'好球'。"巴菲特是一名棒球迷,他认为,投资就像棒球比赛,你只需要等待那颗属于你的"好球",剩下的就是不断等待。孙伟的投资也是如此,不追求面面俱到,不奢望把握每一个机会,甚至不要求对每一只股票都很了解。要耐得住寂寞,等待那个属于你的"本垒打"机会。

在访谈中,孙伟提到了组合中的一个预调鸡尾酒公司,这个公司的市值在我们访谈的时候还不到100亿元,现在已经到了600亿元以上,属于孙伟提到的"本垒打"投资机会。要找到"本垒打"投资机会,必须有一个条件:拥有非共识的正确。也就是说,你看到了别人没有看到的真相。这一点其实很难做到,意味着你必须在某些领域有比别人更强的能力圈,而且能够独立思考做出决策。

在2020年初的时候,大部分消费品基金经理还在关注白酒、酱油等大白马,孙伟却找到了被人忽视的预调鸡尾酒龙头,这就是典型的"非共识的正确"。

和孙伟聊天,能感受到他的淡定和宁静。我一直觉得投资的世界很喧嚣,每天都有那么多信息,那么多变化,那么多新的技术和知识,以及那么多股票涨停、跌停。大部分人并不是在研究,而是希望解释一个个已经发生的信息。比如,为什么今天市场大跌,为什么这只股票大涨。孙伟身上有一种独特的气质,能够耐得住寂寞。耐得住寂寞,确实是一个基金经理的优秀品质。

其实,一个优秀的投资者大部分时间都在等待,但一个人很难长期等待什么都不做。投资和许多事情不同,不是动作越多,结果就越好。恰恰相反,动作越少的时候,结果反而越好。

决定消费品回报的是格局和空间

朱昂：能否谈谈你是怎么看待投资的？

孙伟：我们公司坚持传统的价值投资，采用自下而上的选股方式，倡导每个人都要在自己的能力圈内做事。但与大部分人希望扩大能力圈不同，我希望能力圈窄一些。我们是在行业分散的前提下集中持股，因此非常依赖公司研究的深度。我是研究消费品出身的基金经理，在做投资管理之前研究了五六年食品饮料和农业。这一点对我做投资影响比较大。

消费品行业里决定一个公司回报率的，很大一部分与行业空间以及竞争格局相关。比如肉制品加工这个行业，其中龙头公司的 ROE 很高，但是股票的回报率并不高，背后的原因是这个行业的空间比较有限。近年来，我们看到在 A 股的家电、乳制品行业中都有大牛股产生，背后的重要因素就是竞争格局的大幅改善。比如，A 股某家白电龙头，在行业格局改善后，利润率提升了大约 10 倍。

关于格局，我的理解是，一个优秀的格局，市场往往比较容易看得到，但是最好的机会往往来自格局的变化。

此外我还非常关注"赛道"，这和许多人讲的商业模式差不多。有些消费品能够让客户在心中形成比较清晰的认识，拥有比较好的赛道。比如酱油和食用油，虽然都是居家日常用的，但是两者的利润率差别很大，这就是赛道不同导致的。产品属性越差的行业，渠道占比就会越高。

对于个股选择，我重点关注企业家精神和企业文化。

第一，企业家精神是我选择个股时最看重的因素之一。行业起起伏伏，但企业家的特质往往是持久的。企业家能否制定清晰的战略路径，是否有宽广的胸怀，以及个人价值观是否正确，这些都十分重要。好的企业家，纵使处于相对较差的行业或波动比较大的周期行业，也会培育出优秀的公司，经得起自下而上与自上而下的交叉性检验。

第二，企业文化虽然没有统一的标准，但良好的企业文化氛围能够促进人才培养，推动企业发展。企业要想发展，光靠管理制度是不够的，良好的企业文化、正确的企业价值观和长期的激励机制也很重要。好的企业像大学一样有着良好的培养机制，文化很包容，在不断扩大的过程中，人才能够不断支撑企业的发展，能够推动企业实现不断进化。近几年，很多企业和行业发生了很大的变化，一个能够实现进化、不断学习的企业文化，会让企业始终保有生命力。

朱昂：在行业空间和竞争格局两者之中，你更看重哪个呢？因为有些行业空间好，但是竞争格局不好，有些竞争格局好，但行业空间不一定好。

孙伟： 竞争格局是优于行业空间的。有一些行业即便空间很大、增速很快，但是尚未形成稳定的竞争格局，甚至连龙头公司都找不到，我们不会投。因为在这种情况下，百花齐放，最后跑出一个龙头的概率是很小很小的。所以我们希望，在行业格局相对稳定的基础上有一定的行业空间，对这类龙头公司我们会重点关注。我们大多数会投龙头股，其余的股票除非极度便宜，否则一般我们不会买。

朱昂：你也很看重管理层，感觉你们的投研体系非常重视管

理层。

孙伟：过去几年我们看到一些公司业绩"爆雷"，出现"黑天鹅"事件。好的企业家是防范"黑天鹅"事件的第一道防线。一个企业家的价值观，最终会体现在他的所作所为上。公司老板价值观不正，其影响短期未必会体现在财报中，但长期一定会对公司发展产生影响。

寻找非共识的正确

朱昂：你如何看待投资中的 Alpha？

孙伟：很多时候，Alpha 的来源是深度研究。敢于逆市场共识，这需要保持对行业变化极强的敏锐度，以及对行业的持续跟踪。我们团队把这种机会叫作"非共识的正确"。我希望在自己的投资组合里面，有一两个和市场共识有较大差异的投资机会，当然，这时候希望我们的判断是正确的。这种机会能给组合带来非常不错的超额收益。

我们公司内部崇尚独立思考，无论是做研究，还是做投资。我们并不是跟随着市场去做配置，而是通过深度研究，勇于和市场主流观点产生碰撞，寻找大概率的投资机会。我在做投资的时候，也希望每年能找到几个能够逆共识的投资机会。

历史上，在消费品行业我们好几次在市场关注度很低的时候发现了机会。比如 2016 年底我们重仓了某啤酒企业，当时经过深度调查和分析，发现随着市场变化，行业定价有明显的偏差：第一，考核机制的变化。当时这个行业很注重对份额的考核，但后来又增加了对利润的考核。第二，业务重心的变化。啤酒行业在逐步走向高端化。

以前打价格战，成本高又缺乏渠道，导致啤酒的品质越来越差。从2017年开始，企业纷纷开始生产高端啤酒，高端啤酒的增速明显超越了低端啤酒。最终，我们的判断也在2017年底全行业的提价中得到了验证。

我比较喜欢通过对于能力圈内公司的深度研究，找到"本垒打"的机会。

朱昂：在你产品最新的持仓中，我看到你持有了一个预调鸡尾酒的龙头公司，这个公司似乎和市场主流观点不同，是不是也是一个你寻找的"全垒打"投资机会？

孙伟： 这的确是一个和市场共识非常不同的投资机会。预调鸡尾酒曾经在2015年大牛市中很火，这个公司的市值最高到了800多亿元，但后来因为市场竞争以及公司当时盲目投放渠道，基本面出现了很大的变动，市值最低掉到了40亿元。

到了40亿元市值的时候，大家都不关注这个公司了。我对这个行业和公司的基本面一直有跟踪，也是想观察会出现什么样的变化。我们都知道预调鸡尾酒在日本的消费量很大，当时我特地去日本调研了一个星期，给我启发很大。

第一个启发是，预调鸡尾酒的消费频次可以很高。我们在日本每天喝好几次，口感的确很好。日本每年要消耗两亿箱预调鸡尾酒，而人口数量远高于日本的中国，一年只消耗一千多万箱。我们在日本调研了一些当地的中国家庭，平均年龄在30~35岁，一年平均的家庭消费量在1000瓶左右。

第二个启发是，未来当"孤独经济"到来时，预调鸡尾酒是比较适合人口结构变迁的产品。今天的日本，"孤独经济"特征很明显，许多人吃饭、娱乐、生活都是一个人。当你一个人的时候，大概率不会喝白酒，更适合喝预调鸡尾酒。日本的总人口和饮酒量都是下滑的，然而预调鸡尾酒是所有酒类里面，唯一每年消耗量不断上涨的品种。

通过敏锐观察洞悉行业变化

朱昂：你对预调酒鸡尾酒消费的观察很敏锐，结合了人口结构的变化和消费趋势，那么这个行业你当时还看到了什么变化？

孙伟：我发现国内的竞争格局也在好转。在中国要找到完全"占领"心智的品牌，可遇不可求。退而求其次，我们可以找到一个公司对应到一个品牌的机会。2015年预调鸡尾酒很火的时候，大家都担心会有新进入者，比如一些传统的啤酒和白酒生产商，门槛似乎很低。事实上，从品牌的角度来说，它们很难进入一个全新的领域。

而原来市场里面的其他玩家，也在逐渐退出。这导致这家公司的市场份额，在2016～2018年出现了比较大的提升，从2015年的50%左右，提高到了90%。在这个过程中，老板经历了高峰到低谷，但依然专注于把公司做好，在好几个地方建立了酒厂，每个厂的投资都要几亿元人民币。

消费品最关键的是把产品做好。当时我还观察到，该公司产品的口感在提升。日本许多酒厂都会做过滤，酒喝了不会头疼；国内基本上没有过滤，酒喝了会头疼。此外，该公司对产品研发的重视不断提升，产品的品质逐年提升。

朱昂：过去几年食品饮料也是很热门的行业，各家公司都加大了对食品饮料的配置，但你为什么依然能从中解锁出没有被发现的价值？

孙伟：这就是我们一直强调的行业深度覆盖和长期跟踪带来的价值。我们对行业的覆盖，不仅仅在市场关注度高的白酒、调味品、乳制品上。我们长期对行业中各种各样的机会和公司保持跟踪，这样就能看到出现的变化。

我非常看重深度思考，在今天这个信息快速传播的时代，大家的深度思考越来越少，市场上获得信息的渠道主要是上市公司、卖方分析师和行业专家。但如果没有深度思考，只是一些碎片化的信息，很难带来真正长期的价值。

朱昂：在组合的构建上，你有什么好的方法来平滑波动率？

孙伟：首先行业一定要力求分散，如果行业不能分散，子行业也一定要做到分散，这样可以最大程度减少主观判断的失误。Beta 的降低不是我们主要考虑的，因而我们的仓位一般都会比较重。

其次，我们在产品设计机制上也做了长期化引导，近年来陆续发行了三年期锁定产品，因而在封闭期内的组合构建上可以容许更大的波动，好的投资标的的选择范围得以扩大。

最后是市场上做价值投资的共性，就是左侧买入，对我们而言，就是在判定投资对象是好公司的前提下，在行业不好时买入。

以乐观的性格面对压力

朱昂： 你是一个非常优秀的年轻的基金经理，平时靠什么方式提升自己？

孙伟： 我们公司有一个读书角，对我的帮助很大。最开始做研究时，公司领导会亲自给我们买很多好书，后来我自己逐渐养成了良好的阅读习惯。读书会使我看问题有更多不同视角，看待问题不会想当然，而是从实际研究出发。

还有一点是，我非常看重能力圈。其实用价值投资的眼光来做长期投资，并不需要那么多股票。可能一个投资人，生涯中挖掘十几只到二十只股票就足够了。我前面也提到，我对于能力圈的扩展是相对谨慎的。其实每个行业都有投资机会，在自己熟悉的行业里面，找到有机会的长期标的就可以。

我对自己的要求不是扩大能力圈，而是把能力圈尽量缩小一些，深度做得更深。

朱昂： 投资压力挺大的，你平时通过什么方式来抗压呢？

孙伟： 我的性格偏乐观主义，对于压力的自我调节能力还蛮强的，或者说是有一些钝感。比如当基金赎回比较多，或者产品有一定回撤的时候，只要坚信这些企业的投资逻辑不变，我一般不会感觉那么难受。

我身上有点阿Q精神，看待事情并不苛求结果，这一点跟经营企业有点类似，只要做的事情是正确的，我内心就比较坚定，而且坚信会有好结果。这也是我一直以来的信仰。当然可能短期表现不好，但我还是会义无反顾地相信这件事，这也是我压力没那么大的一个重要原因。

所以我不需要太多解压的方式。过去遇到一些投资失误，公司也给了我足够的时间来调整。不会说一年业绩不好就会被否定，一般都是三年、五年的长期考核，所以我的心态相对没有那么急躁。坚持按照自己的方式，做长期投资、价值投资，自下而上选择公司，而不是迎合市场风格。所以保持良好的心态做投资，一方面跟公司考核有关系，另一方面跟我的性格有关系。

懂得慢慢变富才是一种捷径

朱昂： 你前面提到坚持做正确的事情，什么是正确的事情，你有定义吗？

孙伟： 什么是正确的事情，我们早在十几年前就想得蛮清楚。我们觉得投资方法有很多种，价值投资是被证明最成功，而且可复制的一种方法。通过深入研究、长期追踪来挖掘上市公司的内在价值是我们团队的核心思路。举个例子，假如我们买了一只天天涨停的股票，这在公司内部是没有任何荣誉感的，在我们的考核中也没有多少权重。

我真的觉得价值投资是一个能长期创造财富的重要方式。巴菲特有句话很经典：人们总是不喜欢慢慢变富。事实上，如果一个人能接受慢慢变富，其实是发现了一种捷径。

朱昂： 平时有什么事情是你想多做一些的，有什么事情是你想少做一些的？

孙伟： 路演想少参与一些了，现在市场上的信息沟通太充分了，信息雷同度越来越高，对于我来说泛泛地听和泛泛地了解已经没有意义了，多做一些深度思考才是好的。其实对于一家公司，听卖方多讲几次就会发现内容差不多，但也真的有那种特别厉害的人，一句话就会让人觉得是灵魂推荐师。这种能深入思考、呈现完全不同观点和想法的人少之又少。所以我希望可以通过自己的思考增加成功率。

我渐渐发觉，对一家公司的理解到底能有多深，与站在价格的角度看最终能赚多少钱，并不能画等号，但长期来看，一定成正比。

朱昂： 作为这么优秀的基金经理，你觉得基金经理的护城河是什么样子的？

孙伟： 其实这个问题我很早就想过，并不局限于基金经理这个职业。我们这个行业会招很多研究员，大家背景都很好，很多清北复交毕业的，但我觉得，尤其是对于我们公司的研究员和基金经理，聪明不是第一位的，聪明可以放在第二、第三位。

在市场上做一名基金经理，门槛也不高，买入十几只到二十只股票，持有三年，排名不一定会很差，因为三年里运气成分占比很大。但是真正选企业做长期投资、做组合，持有三五年不换手，业绩依然好的才是真正有水平的。所以价值投资的门槛来自能不能耐得住寂寞。

举个简单的例子，在大多数基金公司做研究员两三年，可能就想当基金经理了，如果当不上，可能就会期待更高的待遇，如果没有这样的待遇，就会跳槽到小基金公司当基金经理。当上了基金经理起码有机会成为市场上业绩比较好的一拨人，如果再拼搏一点、激进一点，两三年后也有可能成为行业中最牛的专家。

然而，真正优秀的人往往能够沉下心来，踏实做好深度研究，耐得住短期的寂寞。有些人先天条件并非特别出众，却真正能耐得住寂寞，最终成为优秀的基金经理。

我跟研究总监会聊起我们到底应该招什么样的人，回头看，发现贡献最大的研究员，往往是那些能沉住气的，至少在我们公司里，这类人的成就很大。

投资理念与观点

▶ 一个优秀的格局，市场往往比较容易看得到，但是最好的机会往往来自格局的变化。

▶ 对于个股选择，我重点关注企业家精神和企业文化。第一，企业家精神是我选择个股时最看重的因素之一。行业起起伏伏，但企业家的特质往往是持久的。第二，企业文化虽然没有统一的标准，但良好的企业文化氛围能够促进人才培养，推动企业发展。

▶ 竞争格局是优于行业空间的。

▶ 对一家公司的理解到底能有多深，与站在价格的角度看最终能赚多少钱，并不能画等号，但长期来看，一定成正比。

| 第 16 章 |

价值投资的事实和误区

访谈对象：王宗合

访谈日期：2020 年 7 月 5 日

    王宗合一度打破了 A 股新基金发行的纪录，被称为"国民基金经理"，我几乎见证了他的成长。第一次采访王宗合是在 2019 年四季度，那时候他管理的产品规模还不大，名字也不为许多人知道，但是他一开口你就知道他是一个价值投资者。他不断提到巴菲特和芒格的投资体系，也不断强调价值投资是唯一的康庄大道。此后，我连续对王宗合进行了四次采访，每一次都有新的体会，每一次都围绕巴菲特和芒格式的价值投资。

    我一般没什么事很少和访谈的基金经理微信聊天。毕竟这些管理几百亿元规模的基金经理，每天要花许多时间做研究，微信上经常有各种分析师的研究推荐，通常都有几十万条未读微信。和王宗合，我大概只有几次微信交流，但都给我留下了很深的印象。一次是点拾投资访谈了 100 位基金经理的那一期，想让一些基金经理写一段话描述他们心中的点拾投资。王宗合写给我的是:"点拾投资是非常专业的基金经理访谈平台。这份专业来自朱昂的热情、专注。他总能客观地刻画基金经理的投资理念、方法、框架。帮助投资者更好地了解基金经理,致力于解决基金经理和投资者之间的信息不对称,推动行业不断进步。"

还有一次是王宗合在发了他的爆款产品后,主动给我发了一条微信:"基金的成功发行,得益于你的文章宣传,让投资者了解了我们的投资理念、风格、做法,很大程度解决了信息不对称,谢谢啦。"

从这两段文字中,能看到王宗合价值投资的思想。他把解决信息不对称、推动行业进步放在第一位,也认为这是点拾投资的价值。价值投资者的能力,就是能识别哪些事、哪些人是有价值的。

王宗合做事很认真,有一次访谈结束后,我还想到一个问题,给他发了一条微信,他马上就给我打了电话,很详细地回答了我的问题。我本来想,他管理那么大规模的产品,可能只是简单打几个字或者发一两条语音,但是他特地打了一通电话——他希望别人能真正理解他的投资理念和思想。

大家可以把这篇访谈作为价值投资的科普文来看待,基本上能对价值投资有一个大概的认识。虽说是科普文,其实内容并不浅薄,许多误区专业的投资者也会经常忽略。

当然,更有意义的是,我们认识到价值投资在中国是有效的,只是真正有能力、有意愿践行价值投资的人很少。也希望这一篇访谈让大家真正理解价值投资执行的要素和方法。

价值投资是唯一的正道

朱昂： 王总，之前看您在一些访谈中说，您的投资理念是选择数一数二的行业和龙头公司，我们就先从您的投资理念开始吧？

王宗合： 在投资理念上，我是自下而上精选个股为主。希望能找到长期有竞争壁垒、有复利效应以及成长性的个股。这就是典型的巴菲特和芒格式的投资思路。但我不能完全按照这个模式来做投资，因为受到两方面的限制。

第一方面的限制是能力圈。这种投资方法对于能力圈要求非常高，需要你能看得比其他人更长远，对于公司的复利效应理解很深刻。第二方面的限制是市场上这类公司的供给可能不够多。假设我找到了这种公司，我自然愿意长期去持有，可现实情况是，可能没有那么多这类公司给你挖掘。

所以如果你要 100% 按照巴菲特和芒格的投资策略，只会出现两种情况。要么你找到这种公司的数量不够，而公募基金有 10% 的最大仓位限制。要么你会降低标准来填充，去买一些没有达到你标准的公司。

基于这一点，寻找巴菲特和芒格式的伟大公司，在我的投资框架中，只能作为一种优选策略。

朱昂： 所以巴菲特和芒格式的伟大公司，并非您唯一的选择。那么您还有其他会买入的公司吗？

王宗合： 有些公司的护城河和增长持续性让人看不了很远，但是它们可能处于一个 3~5 年的快速成长期。相比于巴菲特和芒格式的公司，这些公司的竞争壁垒没有那么高。但是在一段时间内，优秀的管理层、公司先发优势、行业阶段等，给公司带来了一个高速成长的阶段。但是核心是，这种公司的估值水平要低。毕竟其竞争优势没有那么强，我不会拿着一直不动，等成长好了就要卖出，所以买入的价格一定要便宜。这是我会买入的第二类公司。

无论是哪一类公司，如果能有一些逆向投资的机会，就更好。我的投资理念基本上是这样的。

从能力圈角度看，无论是哪一类公司，对其商业模式都必须有深刻理解，必须比行业平均水平更深入、更领先。能力圈也会对你的投资造成限制。

我希望自己能建立三类能力圈。

第一，我比较看重商业模式建立在人群之上，偏向消费属性多一些——可以是偏向某种特殊的消费者的公司。比如品牌消费、医疗服务、金融服务、文化娱乐等，都是建立在人群之上的。这类公司大部分是 To C 的。

第二，在制造业上以非常高的效率、非常高的性价比，向企业提供商品的公司。这种公司具有可持续的成本优势，公司处于高增长的阶段，整体上围绕效率进行改善。这种公司大部分是 To B 的。

第三，创新类公司，包括产品创新和商业模式创新。创新类的能力圈很难建立，因为许多创新蕴含了许多风险，很难判断创新最终是否会成功。我会选择在创新完成后，在右侧去参与。历史上看，我参与的创新类公司很少，因为不确定性大，波动也比较大，对于这一类公司的判断很苛刻。

朱昂： 回到您说的巴菲特和芒格式的伟大公司，通常好公司未必有好价格，您在公司质地和估值之间，会如何做出平衡？

王宗合： 在中国，好公司真的没有好价格吗？那可能是你的直观感受，但事实并非如此。A股有许多巴菲特和芒格式的公司，估值处于长期合理甚至被低估的状态。比如消费品、金融以及家电中的许多好公司，估值都不贵。甚至去年股价下跌后，许多公司在当时是极度便宜的。

中国的很多好公司并不贵，这点和A股的投资者结构有关。许多并没有成长性的公司，反而被长期高估。你会发现，高估的东西，并不见得有成长性，里面很少有基本面符合巴菲特、芒格投资原则的。可能只有医疗服务属于估值比较高的好行业，有好公司。这种公司，你需要几年内确定的增长来稀释估值。

我做投资的时候，尽量选择估值合理或者被低估的公司，尽量避免在高估值个股上做投资。但也不是绝对的，有些公司有确定性复利增长，高估值可以用时间来消化。当你动态看一家公司时，就会发现其实估值并没有那么高。

朱昂： 高壁垒和高ROE的公司，会不会最终出现均值回归，您如何避免买的公司出现ROE向下的情况？

王宗合： 这就是为什么我们需要理解公司的商业模式，竞争壁垒和增长的可持续性。这些理解，都可以帮助我们判断一家公司的ROE是否会出现均值回归。如果一家公司没有长期壁垒，短期ROE较高只是因为行业景气度或者经济因素，那么你就要很小心。

并不是有ROE波动的公司就一定不值得投，有些周期性公司的

ROE 也持续在高位。如果你真正理解了价值投资的核心理念和策略，就不会被表面的 ROE 欺骗了。

我们最近看到一些历史上 ROE 很高的公司，都是曾经的大牛股，却不断出现"爆雷"的现象，因为它们的高 ROE 可能是通过财务造假、关联交易等实现的，会有陷阱。

高 ROE 一定代表高壁垒，这个是不对的；但是高壁垒一定带来高 ROE，这是对的。

朱昂： 您非常强调打造能力圈，那么您怎么打造自己的能力圈？

王宗合： 打造能力圈分为两部分内容。第一部分是打造投资理念和相应的投资策略。对于价值投资的认知方式，要和这个匹配，不能挂羊头卖狗肉。对所有东西的讨论，必须都是符合你的投资理念的。第二部分是对于行业、公司、产品和服务等有深入理解。这个理解必须能穿越周期，不是短期一个季度会发生什么。

知行合一，必须是你要做的事情，和你怎么去思考，形成匹配。

现在不是大部分人不认同巴菲特和芒格的理念，很多人都认同。大部分人做不到是因为认识上达不到这个层次，认识达不到，就谈不上能力圈了。认识到了，才能建立能力圈。这是一个比较复杂的过程，不是那么简单。

对于能力圈的建立，我认为第一部分更重要。

朱昂： 您的投资框架是如何形成的？

王宗合： 我一开始是做研究员的。我做研究员的时候，业绩挺好的，对自己也很有信心。一开始做投资的时候，我观察到许多研究员做到基金经理，往往受制于自己的行业局限，在自己熟悉的领域进行投资。那时我不想这么做，这样容易陷入自己的主观认知。自己熟悉的东西才投，这是不对的。

所以，我一上来实验了很多方法，希望更广、更全面。对于各种方法，有了系统性的了解。回头看，在权益投资发展长河中，特别有效和长期的方法是有限的。不是自己要创造一个新的方法才是成功，这可能有很大风险。

除了结合自己对各种策略的认知，一定要用别人验证过、重复证明过的方法，这样比较容易取得一些好的结果。

朱昂：我看到您在一些访谈中也说过，有些投资方法是容易"死人"的，您觉得哪些方法是不好、容易"死人"的？

王宗合： 不好的投资方法太多了，我先说好的吧。用芒格的话说，"如果我知道自己在哪里死去，我就不会去那个地方"。这句话反过来说就是，如果我知道在哪个地方我会活着，我就应该去那个地方，把其他的地方避开。

价值投资是长期被验证过有效的，其他投资方法历史上用的人也很多，但是最后成功的人很少。历史上同时用基本面和情绪面来做投资的，过去100年只有两个人取得了成功，一个是索罗斯，另一个是早期的利弗莫尔。

那么我们知道其他的道路都是要死人的。我相信在过去100年，许多人尝试过不下100种投资方法。但是那么多方法都不能沉淀下来，是因为它们都无法长期成功。

我做了很长时间的基金经理，看到这个行业是一个淘汰率很高的行业，高淘汰率并非偶然，是一种必然，这个行业竞争是很激烈的。

今天大家都知道价值投资很好，知道巴菲特和芒格的那套模式很好，人家靠这种方式，也赚了很多钱。那么为什么还是有那么多人没有做到呢？是因为在做投资的时候，里面会有许多诱惑和陷阱，你一不小心就掉下去了。

所以对于一个方法的执行，是很重要的。

误区1：价值投资=低估值投资

朱昂：许多人会把价值投资和低估值投资画上等号，您怎么看这个问题？

王宗合：事实上价值投资是广义的基于企业基本面的投资方法，站在价值投资对立面的不是成长投资，而是投机。低估值投资，或者叫深度价值投资只是价值投资的一种分类，并不完全等同于价值投资。

价值投资的收益来源基本上就是两类：①买入被错杀的低估值公司，估值出现回归；②公司通过经营和成长，创造出价值。

我在投资上很少关注第一类深度价值公司，主要精力放在第二类，赚取价值创造的钱，除非第二类公司在某些时候被错杀，叠加了一部分深度价值的特征。从投资效率上看，赚取"复利"的钱是效率最高的。只有那些具有价值创造能力的公司，才值得让一个基金经理长期持有。这些公司具有长期的、持续的、有壁垒的、复利性的价值创造能力。而深度价值投资就是用1元钱去买一个7角钱的投资品种，这种烟蒂式投资方法在当下的时代效率并不高，赚取一个波动的钱意思不大。

价值投资和长期投资有一定相关性，拿得长的前提是上升空间足够大。在我的投资组合中，许多公司拿了3～5年的时间。公司经常会被阶段性地低估或者高估，A股市场波动也比较大，如果只赚取一个估值回归的钱，就会导致大量的交易。

误区2：价值投资=永远不卖

朱昂：像茅台、亚马逊这样的超级大牛股，历史上提供了很高的回报倍数，那么价值投资者是不是应该一直持有这些伟大的公司不卖呢？

王宗合：再优秀的公司，放到大的历史周期看，创造价值的周期也是有曲线的。只要未来创造价值的确定性、空间、动能、复利效应没有了，即便一家公司再优秀，价值投资者也应该把这家公司卖掉。投资组合需要一定的新陈代谢，许多公司过去非常优秀，但并不代表能持续创造价值。

我曾经重仓过两家白电龙头，放眼历史，这两家公司都创造了巨大的价值。但是在2018年二季度，我看到和当时的市值比，公司并没有很大的回报空间了，于是把这两家公司都卖掉了。我还卖掉过一家曾经非常优秀的白酒公司，这家公司从很小的市值涨到了千亿元市值，创造价值的能力非常突出，管理层也很优秀。但是我发现公司创造价值的能力在衰竭，于是换成了另一家能力更强的白酒公司。

公司的买卖都是研究驱动的，核心是看公司未来创造价值的能力。

误区 3：价值投资＝保守的投资收益

朱昂：价值投资经常被打上"低风险偏好"的标签。由于投资中的风险和收益是"同源"的，很多人认为价值投资对应比较保守的投资收益，而成长股投资才对应比较高的投资收益。这种看法有道理吗？

王宗合：这里面有两个严重的误区，第一个误区我们前面已经说过，价值投资不等于低估值投资，成长股投资也是价值投资的一部分。只要是基于公司内在价值和基本面的投资方法，都是价值投资。

另一个误区是，价值投资的收益率似乎不高。这让我们感到震惊。事实上，历史上最优秀的价值投资者，都获得了非常"暴利"的投资收益，比如巴菲特的投资收益是上万倍。只是这些投资收益是在很长的时间中完成的。

我也曾在一些股票上获得了巨大的投资收益。比如一家高端白酒龙头，我从 2016 年四季度开始持有，没有任何主动卖出，获得了四五倍的回报。另一家高端白酒龙头，已经给我带来 7 倍的回报。还有一家医疗服务龙头，回报有 3 倍以上。甚至去年挖掘的一家创新药龙头，也获得了 3 倍的回报。

我买股票，不会因为一只股票低估了 20% 就去买，而是会要求一个很高的收益率，然后用时间去"养"大牛股。价值投资从来都不是指低收益率，只是从来都不去博取短期的高收益率，因为越是短期的东西，不确定性越高，也就越接近"抛硬币"。

误区 4：价值投资＝消费股投资

朱昂：您的产品在过去 3～5 年的表现都非常优异，可以看到您的投资组合主要重仓了消费品公司。我们也知道，食品饮料是 2015 年后表现最好的版块。那么价值投资者的表现，是不是来自过去几年消费品的风口？价值投资者是不是就等同于消费股投资者？

王宗合：我认为要在能力圈内做投资，但这并不意味要固守在过去的优势行业。一个人的能力圈必须随着时代的发展、产业的发展、公司的发展不断迭代和变化。如果一个基金经理固守在一个很小的能力圈内，跟不上时代的变化，他的投资就会出现问题。

我对于团队的要求是，坚持长期投资和深度研究，随着社会产业发展，不断迭代自己，让自己的能力圈和认知能力和社会最具价值创造能力的产业相匹配。我们过去三年的业绩排名确实很靠前，过去一年和今年以来的排名依然靠前。这些业绩背后并不是对某种行业风格的坚持，而是我们持有了一批最具价值创造能力的公司。

能力圈的拓展光靠一个人是有限的，每一个基金经理都有自己擅长的领域，大家把能力圈互相结合，才能找出这个时代最好的公司。

误区 5：价值投资＝买估值低的品种

朱昂：大家经常会认为，价值投资就是买估值低的品种，如果买一个估值 50 倍以上的股票，就不是价值投资了。对此您有什么看法？

王宗合：用估值去区分价值投资者就太狭隘了，我也会买静态估值 100 倍的创新药公司。价值投资应该对比一家公司长期创造的价值和目前的市值，看值不值得持有。

对一家静态估值 100 倍的创新药公司，如果能看到新药上市后带来的巨大收入，或许就是很便宜的。美国有些创新药，一个品种就卖了上百亿美元。本质上还是要把握一家公司创造价值的能力，这需要对公司深度的研究和挖掘。

好公司很多时候估值都并不便宜，我愿意用溢价 20% 的估值去买好公司，而不愿意用合理或者低估的价格去买长期来看不好的公司。

误区 6：价值投资变得越来越拥挤

朱昂：过去几年，越来越多的人开始做深度研究，大家都觉得价值投资这条路变得越来越拥挤，用价值投资赚钱变得越来越难。您对此有何看法？

王宗合：市场上有两类价值投资者：一类是真正践行价值投资的人，这一类永远是少数派；另一类是基于某一种趋势的投资者，这一类是大多数。

市场上越来越多的是那些基于某一种趋势的投资者。比如，当大家说消费品很好的时候，他们就会买入。然而，由于缺少真正的深度研究，在行业阶段性表现不佳的时候，他们也会卖出。2018 年四季度，就有许多趋势投资者卖出了消费品的股票。这一类投资者的存在，会导致一批有价值的公司的股价呈现更高的波动性。不过，这并不会改变公司真正的价值。只要是创造价值的公司，就能够长期创造超额收益。

而市场上真正践行价值投资、做深度研究、愿意长期持有并集中持股的人还是少数派。所以我并不担心价值投资的赛道变得越来越拥挤。我相信纯粹的基本面研究、陪伴公司创造价值的过程，将是A股市场长期的好的投资策略。只是这个策略执行起来并不容易，许多人并没有构建出价值投资的能力圈。

事实1：价值投资=长期有效

朱昂：关于价值投资有效性的讨论非常多，也有很多量化大神做过归因分析。您是怎么认为的呢？

王宗合：我一直用芒格的那句名言看待投资方法：如果我知道自己在哪里死去，我就不会去那个地方。

投资的方法很多，但先要避开让你"死掉"的投资方法。如果一个投资方法在历史长河中消亡，那么就没有必要去学习这个长期无效的方法。美国股市是一面非常好的镜子。100多年前，美国市场上也有各种各样的投资方法，但是最终价值投资被广泛应用，而做股票投机的人基本上被市场消灭了。

价值投资本质上是一个反人性的投资方法，因为最重要的函数是时间，人类无法摆脱使大脑追求快速反馈的基因，而价值投资追求的是长期反馈机制。过去100年价值投资有效，未来依然会很有效。

事实 2：价值投资＝集中投资

朱昂：您一直是国内巴菲特和芒格式投资的代表人物，那对集中投资您有什么看法？

王宗合：我比较认同巴菲特的"打孔"原则，因此会用极度苛刻的眼光挑选好行业中的好公司。无论是 A 股还是美股，好的投资机会并不多，长期看只有头部 10%～20% 的公司能创造价值。

巴菲特在 1999 年曾对集中和分散发表过自己的看法。他说专业投资人只要有三个商业模型的组合就足够了。如果看不到那么深入，那么有六个商业模式的组合也够了。分散意味着丧失收益。

因为公募基金规则的限制，我自己的投资组合做不到巴菲特那样的集中度（巴菲特前三大持仓在 45% 左右），但在公募基金中算是非常集中的，一个投资组合也就有 20 只左右的股票。既然是深度研究，那必须要集中投资。组合的每一个仓位都是宝贵的，要把仓位放在最好的公司上。虽然在商业模式上也要进行一些分散，避免个股之间相关度过高，但关键是，投资不能为了分散而分散，过度分散会牺牲大量的收益。

事实 3：价值投资＝低换手率

朱昂：您的换手率是怎样的？

王宗合：我的换手率一直是 A 股市场偏低的。剔除产品的申购和赎回带来的被动换手，我一年的主动单边换手率在 50% 左右，对应的双边换手率在 100% 左右。中国散户平均一年的换手率是我的

10倍以上，除非遇到熊市，那时散户都不怎么换手。

价值投资对应低换手率，这一点是真的。深度研究意味着对于一家公司的长期基本面是想得很清楚的。那么体现在组合上，几乎肯定对应很低的换手率。市场每天都是波动的，但是公司的基本面并不会那么频繁地发生波动。

事实4：价值投资=深度研究

朱昂：是什么支撑您拿一只股票拿那么长时间，在高波动的A股市场保持很低的换手率呢？

王宗合：背后是对于持仓公司甚至是非持仓公司的深度研究。大家每天都在研究，但是研究后的行为却千差万别。有些人在研究后，股票出现一个波动就卖掉了。有些人研究的是短期预期差，在预期差兑现后也卖掉了。当然，还有一大批非专业的个人投资者，每天主要是在研究K线图，希望从"随机漫步"中找到所谓的规律。

影响收益率高低、收益率可持续性、组合收益特征最主要的是认知能力。对同样的研究素材、同样的品种，大家的认知是有差异的。我认为的深度研究，就是支撑你持有这家公司三年甚至更长时间的研究能力，这其实对研究的要求是非常高的。三年，市场每天都会有各种噪声，大盘涨涨跌跌，不同的版块和行业也有各种复杂的声音，每天有各种各样的诱惑。能够你支撑长期持有的，只有比市场大多数人都更加深入的研究。

我只有在研究完一家公司，发现这家公司创造价值的能力、持续性、壁垒、方向、动能、复利达到了我的要求，并且有一个合理估值的时候，才会去买。

我所在基金的投研团队就建立了深度研究的专家模式，每个人都必须在一些领域建立超越市场认知的研究能力。我每周都会召开公司深度报告讨论会，要求研究员对一家公司的价值进行分析。

事实 5：价值投资的风险来自本金的永久性损失

朱昂：巴菲特一直强调本金的永久性亏损，对此您有什么看法？该如何避免呢？

王宗合：波动并不是最大的风险，本金的永久性亏损才是。投资中的风险来自无知，无知来自"主观认知偏差"。如果对于公司的认知出现了错误，对于产业的认知无法支撑长期投资，那么就有可能出现本金的永久性亏损。如果坚守在一家错误的公司上，就可能持有的时间越长，亏损越大。

剩下的主要是波动风险，波动风险意味着公司的发展并不是一帆风顺的，它的复合收益、增长、现金流绝对不是线性的。但是在这种情况下，波动其实给价值投资者带来了买入机会。比如在2018年下半年的时候，大家都觉得消费品公司估值很高，市场情绪低迷，也带来了消费品的调整。我当时在波动中坚持持有消费品公司，并且在低谷进行了加仓，最终获得了很好的收益。2020年新冠疫情发生后，消费品公司也出现了较大的向下波动，这时候实际上是一个黄金的买入时机。

还有一个许多人会忽视的部分：错失盈利的风险。如果在一家公司上做了很多研究，发现各方面都很好，却因为短期情绪面的恐慌没有买，我们就错失了盈利。这其实是一个被许多人忽视的风险。比如这一次疫情期间，许多好公司的股价都跌到了比较低的位置，公司半年的现金流受到了影响，市值打了六七折，是非常好的价格。如果这时候被市场恐慌的情绪影响，回头看就可能错失了比较大的盈利空间。

投资理念与观点

- 我希望自己能建立三类能力圈。第一，我比较看重商业模式建立在人群之上；第二，在制造业上以非常高的效率、非常高的性价比，向企业提供商品；第三，创新类公司，包括产品创新和商业模式创新。

- 中国的很多好公司并不贵，这点和 A 股的投资者结构有关。许多并没有成长性的公司，反而被长期高估。

- 如果一家公司没有长期壁垒，短期 ROE 较高只是因为行业景气度或者经济因素，那么你就要很小心。

- 波动并不是最大的风险，本金的永久性亏损才是。投资中的风险来自无知，无知来自"主观认知偏差"。如果对于公司的认知出现了错误，对于产业的认知无法支撑长期投资，那么就有可能出现本金的永久性亏损。

- 波动风险意味着公司的发展并不是一帆风顺的，它的复合收益、增长、现金流绝对不是线性的。但是在这种情况下，波动其实给价值投资者带来了买入机会。

| 第 17 章 |

投资的人道与天道

访谈对象：张骏

访谈日期：2020 年 9 月 28 日

  我和张骏认识，有一段小故事：我之前写文章的时候，经常会把自己的个人微信号放在文章末尾，希望认识一些志同道合的朋友。有一次，一个叫 Stephen 的热心读者加了我。这个读者经常在我的公众号下面留言。有一次，我和安昀重新翻译了一本书，看到 Stephen 在后台留言说：这本书已经出版过中文版了，为什么你们还翻译啊？我当时有点小生气，说都是纯公益翻译，你怎么老提意见啊！

  后来有一次，我特别想采访张骏，毕竟他是资管行业的大佬，管理的规模也是券商资管最大的之一，于是托朋友联系到他的同事，终于有了采访张骏的机会。没想到张骏居然就是那个叫 Stephen 的热心读者。

张骏和其他基金经理都不一样，他从道家思维的方式出发，讲到了"天道"。他本人身上也有很强的道家气质。他状态特别好，而且感觉很闲，有大量的时间看书。有一次我和他公司的朋友吃饭，吃完饭就顺便去和张骏打了个招呼。当时是股票的交易时间，但是张骏丝毫没有"盯盘"的压力，找我聊了很久，没想到他对财经自媒体也特别了解。

张骏对我有一个很大的启发。他说，一个人得到的东西，一定要和自己的"德"匹配，也就是"德要配位"。可能因为有了这种心态，我感觉张骏是我见过状态最好的投资者，他总是一身轻松的样子。在我们的访谈中，能看到中国古代哲学对他的影响。

在见到张骏之前，我内心对事业发展有点小焦虑。但在这一次访谈后，我完全释然了。如果要得到更多，就要让自己配得上。相信"天道"，做好自己就行。事情只要符合"天道"，就能持续下去。

就像张骏在访谈中提到的：儒是进取，释是放下，道是豁达。股票市场是西方文明的产物，强调的是人道。将天道、人道相结合，就是东西方文化结合的投资之道，大概率能帮我们做好投资，也能走好人生。

投资是时间价值和社会资源的再分配

朱昂： 您是怎么看投资这件事的？

张骏： 可以从不同的角度来看投资。从教科书的角度来说，格雷厄姆给出的定义是经典的。从我们实践的角度来说，投资是当前对未来时间的资源配置——把现在不用的钱进行分配，但是结果是不确定的。从资本市场的角度来说，投资是财富重新分配、资源有效配置的过程。其实投资就是时间（今天和未来）价值和社会资源再分配的过程。

朱昂： 能否谈谈您的投资框架？

张骏： 我的投资框架可以概括为"一个中心，两个基本点，三个支撑"。

"一个中心"是指价值投资。不论是投资还是投机，大家肯定都觉得自己买的东西能涨，现在的价格是低于价值的。

这里对于价值的定义就仁者见仁、智者见智了。有的人对于价值的定义是市盈率；有的人认为是市值，因为上市公司的壳价值就不应该低于20亿元；有的人认为是主题炒作的标签，比如名字里带"量子"两个字的公司就至少值100亿元；有的人认为是新赛道，比如只要是做创新药的公司，市盈率就应该50倍起步。

我理解的价值源于两个部分：一个是价值回归，另一个是公司长期稳定发展带来的成长的价值。

"两个基本点"是好公司和好价格。哪个更重要？这是大家一直在争议的。我认为要区分经济的不同阶段、不同阶段的成长空间以及不同阶段的投资期限而定。早年我是做自营投资的，每年内部都要结算盈亏，那么便宜就是硬道理。在当时的约束条件下，买一个估值比较贵的好公司，可能要一两年消化估值，对我的意义不是那么大。随着做投资时间的增长，我现在觉得好公司比好价格重要，原因有三点：①选到好公司就不需要太高的决策频率了；②好公司能实现自身转化；③好公司可以消化估值获得好价格。

落实到具体的操作上，我们需要"三个支撑"：时间、空间和催化剂。做投资自然会想要了解什么时候会涨、能涨到多少，这里涉及催化剂的问题。我认为最直接的催化剂就是财报。从另外一个角度来说，即使不涨也没有关系，买了之后能够每年增长30%或保持20倍的估值，也可以吸纳更多资金，这也是很好的。

大家买股票都是为了赚钱，但是这里的赚钱到底是什么意思？有的人认为10元买的，涨到12元就是赚钱了，这是博弈思维，因为必定有人以10元卖掉了。

我们再考虑得深一点，价格波动只是表层。假如我买100股，每股收益1元，要么是分红给我带来了收益，要么是公司净资产增长了。需要注意的是，这个钱不是通过股价波动赚到的，而是公司真实的价值增长，所以我们可以看到巴菲特披露的年报总是喜欢用公司的净资产代替股价。

朱昂：中国公司的分红比美国少很多，会影响到收益，这部分您是怎么做到更加本土化的？

张骏：首先，我们看问题的时候，有时用整体代表个体，有时用个体代表整体。中国公司分红比例整体不高，这是因为很多企业家更注重公司的融资功能，但是仍然有很多公司分红远远超过募资，并且多年不用融资和借贷。

其次，分红只是股票的一部分，股价的变动应该是业绩增长除以市盈率增长，再加上分红。市盈率可能不会一直涨，但是业绩可能会，所以核心是业绩增长和分红。即使不分红，高业绩增长也可以实现股价上涨。

最后，在资本市场中，不管过度关注哪一个指标都会引发一系列的问题。例如，过度关注公司盈利，就会有公司合理利用财报做些文章。美国也是一样，很多美国老股民不在意业绩下降，但是分红一定不能少，所以很多美国公司在业绩不好的时候会借债分红，现在又从分红变成回购了。这也解释了为什么在熊市中很多美国公司的股价会跌得特别快甚至迅速毁灭，因为长期借债会让公司没有稳定的资产来抵御风险。因此，我们不用过度关注分红问题。

回到中国市场。中国市场的实际情况是企业相对丰富，尤其是有很多民营企业。银行只要一放贷，最先受益的就是国有企业，所以民营企业天生有种危机感，平时就要留一些现金储备，因此我们看到很多民营企业更愿意储备些现金而不是分红。

用《孙子兵法》看好公司的特质

朱昂： 您怎么理解时间价值和周期性特征？

张骏： 以前我给客户讲过一个很朴素的观点，我们可以把权益类资产理解成债券，只不过它的期限和收益率是不确定的，不像债券能提供很明确的票息收益。正是因为股票资产有不确定性，许多人很难用债券思维来理解股票。

时间能够平滑股票投资中的波动，给我们带来长期合理的收益。这需要对股票投资这个事情有信仰，有信仰就会变得很简单。如果今年跌了，那只不过是今年的税扣多了；如果今年涨得过多，那就相当于透支了明年甚至后年的收益。各个国家近百年的股票收益率均值为6%～10%。当然有人可能会反驳说近几十年美国的收益率远远不止这个数，但它是从1981年大的利率下行周期走过来的。我们目前的经济环境可能比许多国家都好，但提高到10%～15%也已经很好了。所以，如果有一年出现了50%以上的收益率，就要警惕了。反过来说，如果像2018年那样，市场跌了30%，你一点都不用担心，反而应该高兴。这时候"播种"的话，明后年会加倍奉还。我觉得股票对于投资者来说，不是让你发财暴富的，而是实现价值资产稳步前进的一个好工具。

朱昂：您心目中的好公司是怎样的？

张骏： 最早的时候，觉得好公司遵循ROE、现金流等财务指标，后来随着投资经验逐渐增多，发现PE等指标只是结果。那么，财务数据的源头是什么？纵观一家公司的长周期，其实每个因素都可能导致公司的管理发生变化。好公司不能用定量指标框定出来，定性分析有时比定量指标更可靠。

《孙子兵法》中讲究"道、天、地、将、法"。对公司来说，"道"就是愿景，这是推动公司发展的原动力；"天"就是行业，好行业会给公司带来好氛围；"地"就是市场格局和竞争关系；"将"就是管理层，管理层的心思在什么地方，是长期还是短期；"法"就是企业文化，将制度内嵌成为文化的公司能实现更长维度的传承。这五个因素共同决定了公司的盈利状况。

比如，亚马逊最初就是一个网上卖书的公司，现在变成了一个什么都卖的电商巨头，这背后就是亚马逊的愿景，也就是"道"。再比如，白酒行业为什么那么好，就是因为竞争格局很好，不同价格段的公司都发展得很好，这就是"天"。

好的公司不是简单用几个指标就能量化出来的，我借用了中国古文化的思想，来尝试刻画一个好公司具备的因素，这些因素最终会体现在公司的报表里面。

朱昂：您什么时候会卖出一只股票？

张骏：最理想的情况是不用卖，但是我们要面临每天的申购赎回，必须要做资金管理，就不得不卖。卖出的情况可以简单概括为三种。

第一种，看错了。很多成熟的管理人会在买入之前就把问题想清楚，就能最大程度避免问题，这是风险管理机制。

第二种，向景气度更好的行业和性价比更高的公司转换。不同行业的估值方法不同，如果我持有的行业明显整体高估了，那就转换到景气度更好的行业中去。落实到公司上，这里用收益率来进行比较。

第三种，在市场极端情况下，发现市场整体处在很高的位置。这时候就自然会把仓位降下来。我们在2015年下半年就把仓位降下来过。

我们有时候会犯的错误是，过早把一家好公司卖掉了。如果一家公司短端几个月涨了50%甚至翻番，我觉得估值贵了，换成了其他没有涨的公司，可能就埋下了错误的种子，回头看确实有可能把一家很好的公司卖掉了。

每个人都只能赚到自己认知内的钱

朱昂：有些人把好公司卖掉是因为定价不清晰，A股市场也有钟摆效应，经常会摆过头，您是怎么把握定价的？

张骏：定价是基于认知的，每个人对于公司定价的认知都是不一样的。很多人不会买茅台，因为1000元太贵了，他们愿意买3元的股票，他们不会认识到茅台翻倍等于涨1000元。大家认为5倍、6倍的市盈率是好的，50~60倍就贵了，但是5倍、6倍的市盈率没有什么增速，50~60倍的市盈率每年增速都在30%以上。另外，如果行业刚刚开始爆发，那看市盈率就没有意义，应该看目标市值。

不管是专业投资人还是个人投资者，都不要互相看不起，我们的想法可能会被更高水平的人嘲笑。这有些像庄子讲的大鹏和小鸟，每个人的知识层次都不同。某些菌类的寿命可能只有一昼夜，乌龟的寿命却可能比人类还长，这种比较没有穷尽。

此外，人性是贪婪的，总是想把所有的钱都赚了。但是投资最终只能赚到和自己的认知相匹配的钱，超出认知的部分就是不应该赚的。我们讲"德要配位"，财富要和智慧相匹配。可能一个人的水平匹配一千万的财富，生活过得很快乐，但是突然给他一个亿，他可能就会不知所措。我们应该为赚到自己能力范围内的钱感到幸福，不要因为赚不到超出能力范围的钱感到懊恼，否则可能会犯错。

其实，在每一轮牛市中能够赚多少钱，取决于在熊市中下了多少功夫。在牛市中是很难建立认知的，认知都是在熊市里建立的。资本市场里不断的交易，会将财富分配到有智慧的人手里。

朱昂：既然收益和认知是匹配的，那么您如何提高自己的认知？

张骏：我的认知有没有真的提高，这是一个问句。GMO 的格兰桑说过，人们觉得短期在股票市场学到了很多东西，中期学到了更多东西，但是长期回过头来看啥都没学到。

作为一个帮助客户实现财富增值的投资者，我认为要真实勇敢地面对自己，实事求是，了解自己能赚到哪部分钱，还要坦诚地告诉客户哪些事情是自己做不来的，哪些事情是自己正在学习的。

股票的魅力在于，有时并不是越努力越进步，这取决于心态。哲学家出身的索罗斯曾在书中讲过，他有一个在证券公司上班的好朋友，觉得索罗斯一天到晚没干什么事，然后突然之间就冒出一个想法。有一次他问索罗斯自己的问题在哪里？索罗斯告诉他："你最大的问题就是天天在上班。"这句话回味起来很有味道。股票市场也是这样，投资和种地不一样，不是工作时间越长，收获的粮食越多。

我认为要想真正在股票市场中学习，需要适当远离市场，将自己的灵魂拉出来，客观看待自己，这也是复盘。多反思，多总结，做得好了总结成功的经验，做得不好要找原因。

另外，要保持好的心态。坦率说我今年的排名并不是很靠前，但我也没有很沮丧。因为从我 2012 年开始公开管理产品以来，年化收益率是 20% 出头，对沪深 300 的年化超额收益率是 15%。现在我的收益率已经比之前的年化收益率高不少了，我觉得没有必要时时去和别人比。

风控的核心是避免随意性

朱昂：您是怎么控制风险的？

张骏： 风控概括成一句话就是避免随意性。

从个人的角度来讲，要遵循投资纪律，屏蔽掉亏钱的动作。很多人认为这也会把赚钱的机会屏蔽掉，但是随意的动作带来的更多是亏钱的结果。研究人员的经验丰富程度、研究的质量、大家之间的讨论，都营造了一种不随意的氛围。资金不属于基金经理个人，而且涉及公司的声誉，不能为了个人利益随便买卖。

从团队的角度来讲，避免随意性首先是公司内部的共识，其次是大家的初心，回到核心就是价值和价格的关系。从事投资和研究的人员大多智力水平很棒，对价值都有一定的理解能力。如果是群体犯错，那很可能是忽略了常识，常识思维就是价值和价格的关系。

朱昂：在组合上您会聚焦什么行业吗？

张骏： 我以自下而上精选个股为主，比较关注的行业，一个是白酒行业，另一个是医药行业中的器械、服务和技术赛道，此外还有新兴行业中比较稳定的行业，如计算机领域的信息安全，其市场份额的变化比较缓慢，行业竞争格局稳定，不会出现颠覆性变化。此外，中美贸易战之后，高端装备制造进入了密集的自主研发和投入阶段，增长比较快，迎来了进口替代。

朱昂：您怎么看组合的集中和分散？

张骏：我是相对集中、适度分散。集中和分散的问题如人饮水，冷暖自知。不管是9个点的重仓还是8个点的重仓，在哪个点上舒服，就可以在哪里待着。我的性格是勇往直前，看好的股票就买10个点，不留余地，这样我才舒服。有的人喜欢留些余地，想着万一产品有赎回，不用马上卖掉股票。

我持有的股票有30~40只，前十大仓位的比重在50%左右，但这只是结果，我没有硬性规定。

相信投资中的"人道"和"天道"

朱昂：您怎么保持比较好的心态？

张骏：我的经验不太适合推广，就是看书。当我碰到一些想不明白的事情时，就会找一些书来看，让自己从困境中抽离出来。但是从潜意识来讲，我并没有把困境真正放下，只是进入书这个全新的环境中去了。不管是什么书，总会有些道理存在的，这些道理或许会和我的困境有些联系，有时无心插柳柳成荫，会偶然间想出问题的解决办法。

我比较喜欢东方的儒释道，儒是进取，释是放下，道是豁达。股票市场是西方文明的产物，资源配置有些类似于西方哲学。西方哲学倡导竞争，这是"人道"。东方文明讲"天道"，就是损有余而补不足，股票市场也是如此，涨过头了就会跌。从股票运行的内在规律来讲，要将两者结合起来。

朱昂：2015 年牛市最疯狂的时候涨得最快，您在那个阶段降过仓位，心理压力应该会很大，怎么克服？

张骏：主观择时是很难的，当时那一次降仓位更多是一个结果。我在 2012～2014 年的时候，发现市场上的好股票很多，无非是挑选谁更好。那时候觉得持有现金太可惜了，我的仓位基本上是在上限附近。

到了 2015 年，我发现在卖掉突破目标价的股票后，没有什么股票能够下手买了，自然而然仓位里面的现金部分就越来越多。那时候市场还在上涨，我的业绩也出现过阶段性落后。

当时我也在测算市场的两融规模和场外配资，之后在市场调整的时候通过仓位控制降低了巨大的波动。有人问，能不能二季度高仓位，到了市场见顶那一天全部卖掉呢？我觉得天道是不允许这样的人长期存在的。

这里要非常感谢公司的宽容和信任。那个阶段是真正决定当年成败的时候，仓位排名持续下降，每天都会损失一部分钱，需要公司的管理层有长远的眼光和对团队的信任才能支撑住，我很幸运公司有这样的管理层。

朱昂：您觉得成绩很好是因为在某些年份挣得多，还是在熊市亏得少？

张骏：最终呈现的规律是，好的年份我排名都不是很高，不好的年份排名还不错。这也和我的理念吻合，我希望在市场上涨的时候尽量跟上步伐，在跌的时候一定不能吃亏，因为复利的价值就是跌得少，巴菲特从来没有暴富的年份。最典型的是 2018 年的熊市，我所有的产品都排在市场前 10%，有些产品甚至没有亏损。

我觉得投资的初心很重要。我是一个非典型的基金经理，智商肯定不是这个行业比较高的，学历也不是顶尖的。我做了很长时间的投资，越来越淡定了。我们看到全球最优秀的投资大师，年化收益率也就是 20% 左右。那么在投资上，我们就不要设不切实际的目标。

投资理念与观点

▶ 随着做投资时间的增长，我现在觉得好公司比好价格重要，原因有三点：①选到好公司就不需要太高的决策频率了；②好公司能实现自身转化；③好公司可以消化估值获得好价格。

▶ 我们可以把权益类资产理解成债券，只不过它的期限和收益率是不确定的，不像债券能提供很明确的票息收益。

▶ 投资最终只能赚到和自己的认知相匹配的钱，超出认知的部分就是不应该赚的。

▶ 风控概括成一句话就是避免随意性。

| 第 18 章 |

价值投资才是真正的"捷径"

访谈对象：杨岳斌

访谈日期：2020 年 10 月 12 日

和杨岳斌的访谈约在了早上 10 点，地点在他公司的会议室。我见人一般会早 5 分钟到，到了前台后，才会把基金经理叫到会议室来。而我见杨岳斌的那天，他早就一个人坐在会议室里面看书了。他跟我说，这是他们早上开投研晨会的地方，他开完晨会后并没有回到办公桌去下单交易，而是一直在这里看书。我伸过头去看了一下，他正在看的是巴菲特的书。杨岳斌告诉我，好的书值得反复看，常看常新。巴菲特和芒格的书，他看了好几遍，书里面还密密麻麻做了许多笔记，每一次看书都有新的启发。访谈的时候，他对许多巴菲特讲过的话都记忆很深，几乎我的每一个问题，他都能用巴菲特的话进行回应。能够看得出，他真正把价值投资牢记在心。比如当我们聊到分散还是集中这个问题的时候，杨岳斌就提到，巴菲特一直以来都是强调集中持仓的。只有集中才能带来深度，分散持仓更多是现代组合管理的思维。

杨岳斌的工作方式也和巴菲特比较像，他每天大部分时间看着很"闲"，基本上都是在看书和看报告，很少坐在屏幕前看股票价格上上下下的变化，他告诉我，那纯粹属于浪费时间。

我们的访谈完全没有提纲，属于非常开放式的。杨岳斌坐在那里，告诉我随便问什么问题都可以。只要他知道的，都会认真回答。他不知道的，也不会敷衍。在访谈结束后，他还把我们这篇访谈记录修改了很多遍（如果没有记错，好像修改了8遍）。他说，他希望给公众展示的信息都是正确的，不要误导别人，许多用词他都琢磨了很久。从这件事情上，也看到他做事情很认真。

杨岳斌的性格比较直，他一直提到投资要诚实，对自己要诚实，对他人也要诚实。他真正欣赏的国内价值投资者并没有那么多。他还说，有些人所谓的价值投资，其实并不是真正的价值投资。

在投资上，杨岳斌提出了一个ESG[①]的概念。ESG投资在国外已经比较普遍了，但是在国内资产管理机构中还是一个比较新的概念。早年做投资的时候，杨岳斌就管理了国内最早的一只ESG绿色基金。ESG投资的核心是，把公司社会价值的创造放在第一位，超越了股东价值的创造。

年过40的杨岳斌在生活上很简单，他说，越来越明白和什么

[①] ESG指环境（environmental）、社会（social）和公司治理（governance）。

样的人在一起很重要。一个人要和自己真正欣赏的人交流。市场上各种各样的"局"很多，其实并没有参加的必要。只有与想法类似、认知能力接近的人交流，才能提高自己，而其他大部分交流许多是在浪费时间。

投资只能赚到你真正信仰的钱

朱昂：能否谈谈您的投资框架？

杨岳斌： 做投资是用脑子里的框架去赚钱，框架的背后是一个人的信念，你相信什么，就会看到什么，才能赚到什么样的钱。一个人不大可能既赚好公司的慢钱，又赚坏公司的快钱。这样做其实是在投机，不是在投资。如果总是喜欢走捷径，想在坏公司身上赚快钱，就很容易把对好公司的理解弄丢了。过去，中国资本市场有许多投资者喜欢赚有爆发力的黑马的钱，但这些黑马不是真正基本面很好的公司，它们只会讲比较大的故事或者概念，后期这些往往是要落空的。这些投资者看不上基本面很扎实的大白马，最终的长期收益率并没有那么好。

巴菲特所有的书我几乎都看过，许多书看了不止一遍，价值投资才是这个市场的"捷径"。巴菲特的许多视角会潜移默化地融入我看市场和公司的方式。我的投资框架和传统的价值投资者差不多，稍微有些不同的是，我会把 ESG 放到价值投资的框架中。举一个视角的例子，在我的 ESG 投资中，有三种东西我不碰：香烟、军工、赌博。这些都是违背人类可持续发展的，只有白酒我会买。

朱昂：为什么买白酒？

杨岳斌： 只要不酗酒，喝酒对于人类可持续发展的危害就不大，稍微喝点酒能提高我们的幸福指数，所以白酒并不是 ESG 不碰的行业。

还有一个原因，白酒是一门很好的生意。中国的高端白酒有着非常好的商业模式：产业链短、有自主定价权、To C、护城河很深。我们同行有一句很精辟的话："文化是最深的护城河。"中国的高端白酒背后是深厚的文化底蕴。如果某款白酒的文化基因是全国性的，不是区域性的，商业价值会大得多。

为什么中国的红酒就是做不起来？因为那是别人家的文化，哪个地区、哪个酒庄、什么年份、葡萄的品种，等等，有一个评价体系。对于这个评价体系，我们中国的红酒是缺乏话语权的。老外喝品牌红酒，会因为文化认同产生一种特殊的情感，这和我们喝品牌白酒是类似的。

品牌中还有意见领袖（KOL）这个角色，一些高端白酒的消费者往往是最有影响力的 KOL。

再举一个例子，黄酒有着比较强的区域性消费理念和文化背景，一些区域性背景比较强的消费者在饮用这类酒的时候，会有一种特殊的情感认同，这就是酒文化的一种表现形式。但是，其他地区的消费者大概率不会基于类似的情感认同去消费这类酒。如果只是一种区域性文化，就很难成为一个全国品牌。我们认同的高端白酒都是有全国文化基因作为护城河的。

幸运的行业 + 伟大的企业家精神

朱昂：谈一谈您是如何做价值投资的？

杨岳斌：价值投资的做法，再怎么总结都离不开巴菲特说的三点：好公司、好行业、好价格。根据过往对投资的理解，我自己又做了一些加工。我认为要投幸运的行业和伟大的企业家精神。

"伟大的企业家精神"相比"靠谱的管理层",我个人认为又进化了一步。靠谱只是中规中矩,没有刻意伤害股东的利益。伟大的企业家精神已经上升到马斯洛所说的"自我实现"的最高境界。达到这种境界的企业家,并不是为了个人的物质财富去创造财富和股东权益的。我们看到一些企业家在财富自由后,还是很拼命地工作,像乔布斯、任正非这种人,支撑他们不懈奋斗的就是这种伟大的企业家精神。他们一定要按照最正确的方法去配置公司资源,并且为此付出艰苦而卓越的努力,不计个人得失。

伟大的企业家精神并不是谁都有的,我发现这类人有两个共同特点。

- 专注。专注的人更容易把事情做好。当一个人专注的时候,会产生心流(mind flow),心流会让人高度集中注意力,往往能够达到一种"在旁人看起来很难的问题,他却在不经意间找到答案"的奇效。稻盛和夫在书里面提到,他经常冥思苦想,以至于在睡梦中大脑还在不由自主地进行思考,突然间灵光乍现,找到了问题的解决方案。历史上很多伟大的科学家也都有过类似的经历。

- 超强的学习能力。企业在不同阶段遇到的问题是不一样的。企业规模从小到大,都会经历初创期、成长期、成熟期,其间经历的挑战以及所需要的管理技能都是不一样的。稻盛和夫说:"中小企业就像脓包一样,一挤就破。"可见中小企业生命力之脆弱。伟大的企业家在企业从小到大、从大到强的过程中,必须要具备超强的学习能力,在变化中不断成长,才有可能解决企业发展中不断涌现出来的问题。

真正具有企业家精神的管理层能创造出巨大的财富。如果我们有幸能投到一个幸运的行业和这个行业中的一个伟大的企业家，我们投资成功的概率就会高很多。

价值投资的最后一点是"好价格"，用一个合理的价格去买伟大的公司。关于这一点，我和大家的认知没有什么不同，就是用5角钱的价格去买1元钱的价值。当然，这个价值的判断有一定的主观性，而且是在不断变化的。实践中，我们注重大概率的判断，注重模糊的准确。

朱昂： 幸运的行业和伟大的企业家精神，您如何排序？

杨岳斌： 选择行业和企业家的时候，我不会把企业家放在第一位，我一定把行业放在企业家之前。

打个比方，赛马的时候，一定是选马比选骑手更重要。再优秀的骑手，配上一匹很差的马，也赢不过一个骑千里马的普通骑手。我把行业和商业模式看得更重要，而且幸运的行业和普通的行业这个微小的差距放到长期来看，影响更大。1.01和0.99就差那么一点点，但是1.01的100次方和0.99的100次方之间就是巨大的差距，足足有七八倍之多。

价值投资就是把鸡蛋放在一个篮子里

朱昂： 您曾经说过"价值投资就是把鸡蛋放在一个篮子里"，为什么会这么说？

杨岳斌： 价值投资者一定是集中投资者。巴菲特集中投资程度很高。把鸡蛋放在一个篮子里，然后牢牢看好这个篮子，在看到好机会的时候，要下重手。早期，巴菲特最大的个股持仓占比在 50%～60%；近期，他最大的个股持仓占比可以达到 30%～40%。配置 1% 的仓位和 10% 的仓位，背后的信念是完全不一样的，这就对选股能力提出了很高的要求。

我研究过凯利公式，据说它极大地启发了巴菲特集中持股的策略。凯利公式为 $f=(bp-q)/b$，简化后得到 $f=2b-1$，p 代表胜率，q 代表失败的概率，b 代表盈亏比，f 代表每次下注的金额占总资金的百分比。如果有 60% 的信心获得 1 倍或以上的收益率，就是 $2\times60\%-1$，对应 20% 的仓位。公募基金基于双十规定，最多只能到 10% 的仓位上限，故实操中可以适度做简单的保守处理。这个公式对我的启示是，只应该做置信度 50% 以上的股票投资，注重大概率事件。结论就是，对于确定性越高、收益率越大的股票，越要敢于重仓。

我觉得价值投资还有一个特点，就是低换手率。换手率过高，那肯定不是长期投资，当然也就不符合价值投资的典型特征。假设一家公司价值 1 元钱，现在价格是 5 角钱，那么投资者就应该买入，然后慢慢等待价格向价值靠拢。至于什么时候能回到 1 元钱，中间的过程是怎么样的，这些都是不知道的。

如果出现极端情况，价格从 5 角跌到了 4 角，甚至跌到了 3 角或者 2 角，只要公司的价值逻辑没有改变，就应该越跌越勇地加仓，在价格向下的过程中不断加仓。加仓的前提是，股票价格虽然发生了变化，但公司本身的价值没有发生变化。价值投资并不是简单的越跌越买，如果一家没有价值的公司一路跌，越跌越买就是很危险的。

在价值投资中，最难的也许是价格向价值靠拢这个漫长的等待过程，这是逆人性的。价值投资者都有一个特质：延迟满足。我们看到，最牛的基金经理长期也就是年化20%左右的收益率，要赚到这个收益率，很重要的一点是不犯错，不出现本金的严重损失。高收益率是通过忍耐实现的，不能想着什么钱都去赚。许多价值投资者都有很强的忍耐力，不去频繁追踪各种故事和噪声。

朱昂：能否再聊聊您的选股方法？

杨岳斌：选股分成几个步骤，我尽量在每一个步骤中都做得比较好。

第一步是收集信息，我尽可能获取优质的信息。按照巴菲特说的，我们只跟喜欢的、信任的、欣赏的人打交道。当然，同时达到这三个条件的人是极少的。

第二步是规避信息透明度不高的公司，跟踪这类公司基本面的难度会比较高。比如，我不太喜欢投商业模式较差的公司，对于信息透明度比较低的公司我基本持否定态度，看不清楚即为风险。同时，在商业模式上我喜欢 To C 和 To 小 B[○] 的公司。下游客户太强势，会导致公司的议价能力比较弱，现金流也会比较差。

第三步是研究财务数据，我尤其注重 ROIC 这个指标。ROIC 高和业绩增速不错的公司，都是我非常关注的。ROIC 长期持续较高，说明这家公司的护城河是比较深的。我们看到像白酒、调味品等行业的公司，ROIC 都是比较高的。现金流也是我们很重视的财务指标，毕竟价值投资讲的就是现金流贴现。一家公司现金流不好，那么一定

○ 这里的"To 小 B"即面向小机构客户的意思。

是在某些方面被上下游挤占了，商业模式是有瑕疵的。最牛的商业模式甚至可以用别人的钱来做生意。

朱昂：我们访谈的许多基金经理都看重 ROE，为什么您却选择 ROIC？

杨岳斌：相比 ROE，ROIC 能够更真实地呈现一家公司的状况。如果打个比方，ROIC 就是一个人素颜的样子，而 ROE 是化过妆的。杜邦拆解后的 ROE 包含三个因素：利润率、资产周转率和杠杆率。如果一门生意的高 ROE 来自很高的杠杆率，这就并不是一个真正的好生意。

朱昂：从个股选择的结果看，您持有的不少公司也是外资比较喜欢的，您觉得原因是什么？

杨岳斌：这个结果可能说明，我们选股的思路比较接近。我很看重 ESG，也是国内最早管理 ESG 产品的基金经理之一；我在商业模式上偏好 To C 和 To 小 B，不喜欢信息不透明的公司。这些标准可能和外资比较类似。外资是站在国际视角看公司的，对于有些公司长期价值的理解比较深。我很高兴我的选股标准和外资比较接近。

比如调味品行业，无论是在美国还是在日本，调味品行业都出现了集中度提高的特点，龙头公司市占率不断提升，渠道和品牌都会越来越强，而且会有规模优势。我喜欢买有规模优势的生意。

朱昂：您很善于从生意的角度看商业模式，能否分享几个案例？

杨岳斌：一个案例是食品饮料。在食品饮料行业，喝的生意比吃的生意更好。人体 70% 是水分，一个人天生喝的水要比吃的东西多。人一天要喝八杯水，但是不能吃八顿肉吧。我们的研究发现，国外很多大牛股都是饮料股,比如可口可乐、星巴克、Monster、雀巢等。

还有一个案例是我对寡头垄断的理解。我们都学过"囚徒困境",单次博弈下的"囚徒困境"是双方互相不信任,都把对方供出来。然而,如果双寡头进入多次博弈下的"囚徒困境",就会进入互相协作的状态。在商业模式上,我们看到许多行业的双寡头都是互相协作的,通过这种方式,双方都有利润,也能维持稳定的格局。

中国制造业的一个特点是,任何技术只要中国的企业掌握了,就会消化吸收,做得甚至比国外还好,成本更低,形成很好的性价比优势,成为全球在这个领域最牛的企业之一。进口替代不是开玩笑的。中国的市场很大,中国人很勤奋,也善于学习,整个技术能力的进步就像达尔文的进化论一样,不断迭代。

朱昂: 我们再说说ESG吧,您是中国最资深的ESG基金经理了。

杨岳斌: ESG追求人类可持续发展,而价值投资以企业未来的现金流贴现来判断价值,在对现金流进行评价的时候,并没有考虑ESG因素。巴菲特曾买过烟草公司菲利普·莫里斯,其现金流非常好,是个大牛股,但是在ESG的标准下,就不能买。

ESG注重社会价值,而价值投资注重商业价值以及自身的回报。我追求的是ESG和价值投资的最大交集。实践中,我注重运用价值投资的方式进行选股,创造Alpha,而ESG帮我防范组合中出现的相应风险。这几年,监管层也很支持ESG,因为ESG关注人类可持续发展。环境恶化、气候变暖会严重危害人类的生存环境,那我们也就失去了价值投资的前提。

当然，作为公募基金公司，在推广ESG时，非常注重所投资的企业是否具备商业价值。我们在ESG上强调公司治理，并不是将ESG作为一个股票筛选的因子。ESG给机构投资者提供了价值判断所需的财务数据以外的增量信息，有助于更好地检验核心投资逻辑。

朱昂： 您提到运用ESG来进行筛选，这个怎么理解？

杨岳斌： 两家公司，一家的ESG得分是9分，另一家是8.5分。是不是ESG得分更高的就是一家治理更好的公司，就应该有更高的估值呢？这个很难下定论。在实践过程中，对于ESG的具体运用，更多时候是以"负项筛选"的原则进行排除。

一家公司的ESG得分低，说明公司不太重视社会责任，不太注重保护包括股东、员工、供应商、客户等各方的利益。在目前社会发展的趋势下，我们越来越强调可持续发展以及和谐社会。公司做的事情如果不利于人类可持续发展，终归会出问题。我们以"负项筛选"的方法来运用ESG，按照"定性为主，定量为辅"的原则，排除掉不应该投资的企业。当然，我们也将ESG本土化了，更符合中国市场的投资框架。

非相关性是控制风险的"圣杯"

朱昂： 您是如何控制回撤的？

杨岳斌： 有两个方法能帮助我们控制回撤。

第一，通过非相关性来解决。关于这个问题，我曾经当面向达利欧请教过这个投资的"圣杯"。他在书中也提到过，可以用15～20个相关性较小、具有良好现金流回报的资产降低风险。我的组合在行业上不会太集中，而且彼此之间没有很强的相关性。我的持股相对集中，但这些公司都来自不同的行业，之间的相关性较低。

第二，选到正确的个股。我们内部有一个口号，"挑选有三年一倍潜力的股票"。我们永远都在寻找大概率有三年一倍潜力的股票，这个回报对应24%的复合收益率。别小看这个收益率，长期来看，绝大多数基金经理是没有这个收益率的。好公司和坏公司的区别是，好公司站上一个价格高地往往是能守得住的，因为它同时创造了价值，而坏公司即使站上了一个高地也是守不住的。我要把实实在在的金块拿在手里，而不是看着金沙从指缝间流走。

朱昂：那么什么时候您会卖出一只股票？

杨岳斌： 我会在三种情况下卖出股票。

第一，短期的回报太大，导致后面的预期回报空间不大了。比如一只三年预期翻倍的股票，我在半年就赚了80%。

第二，找到了一个更好的标的。假设我们找到了一只三年两倍的股票，那么肯定要把组合里三年一倍的股票换掉。

第三，看错了公司基本面。按照贝叶斯公式，在新的信息不断输入的情况下，发现这只股票背离了我当初买入的逻辑。

在这三种情况中，认错是最难的。投资要对自己诚实，要有聪明的正直（intellectual honesty）。没有人会主动告诉你这只股票你买错了。从心理学的角度看，人一旦有了某个观点，就很难再去接受新的观点，即使旧观点错得离谱。价值投资者要特别警惕这类心理上的误区，即确认偏误（confirmation bias）。

朱昂：说完了卖，再说说您喜欢什么时候买？

杨岳斌：我喜欢买"坠落的天使"（fallen angel）。我找到一家优秀的公司，但是这家公司一直很贵，如同一个高高在上的天使。有时候市场会出现恐慌情绪，导致天使掉落人间，我就一把抱住这个天使，重回云端。今年疫情期间，我就是这样买到了很多好标的。但是需要警惕的是，天上掉下来的不一定都是天使。只有在前期对商业模式、公司治理和价值评估有了深度研究，机会出现在眼前的时候，才敢于下重手。

巴菲特说过，投资如同打棒球，大多数时候你持棒不动，你一直在等待那个属于你的好球，一个又稳又慢的好球，然后一棒打出去——全垒打。

巴菲特和芒格的书要经常看

朱昂：您对巴菲特研究很深，能否给我们总结几个巴菲特的特点？

杨岳斌：巴菲特是一个人品极好的人。他不说假话，很早就洞悉了投资中关于复利的智慧。巴菲特从最早学习格雷厄姆买烟蒂股，到后面受芒格和费雪的影响，更多地用增长的视角进行投资，实现了猩猩到人类的巨大的飞跃[⊖]。巴菲特有极强的学习能力，并不停地学习。这一点和优秀的企业家很像，他们也都是一直在学习。如果基金经理

⊖ 这也是巴菲特的自嘲。

想要做好本职工作，也应该具备很强的学习能力，因为市场总是在不停变化。

我是巴菲特的"信徒"，市面上巴菲特的书我基本都看过，其中最爱看的是《巴菲特致股东的信》㊀，许多细节我都记得。人是习惯的动物、环境的产物。做投资到最后，就变成了一种习惯，已经内化到我们的思想中了，和宗教信仰也差不多。做投资最后要有信仰，这样才能对持仓有信念。

朱昂：您平时如何保持学习？

杨岳斌： 不断地看各种各样的书，平时还听路演、看报告。所有巴菲特和芒格的书我都看过，甚至会看英文版的。我还喜欢看哲学和心理学的书。我也喜欢看一些人物传记，了解伟大企业家的创业经历，培养自己的同理心。还有就是，向身边优秀的价值投资者学习。

朱昂：有推荐的投资书籍吗？

杨岳斌： 如果讲价值投资，必须看《巴菲特致股东的信》。

朱昂：平时有什么事情想多做一些，什么事情少做一些？

杨岳斌： 我希望多专注我的投资主业，在专业上研究更深一点，闲暇时间可以多陪伴家人。

㊀ 该书中文版已由机械工业出版社出版。

投资理念与观点

▶ 要投幸运的行业和伟大的企业家精神。

▶ 在价值投资中,最难的也许是价格向价值靠拢这个漫长的等待过程,这是逆人性的。价值投资者都有一个特质:延迟满足。

▶ 相比 ROE,ROIC 能够更真实地呈现一家公司的状况。如果打个比方,ROIC 就是一个人素颜的样子,而 ROE 是化过妆的。

▶ 好公司和坏公司的区别是,好公司站上一个价格高地往往是能守得住的,因为它同时创造了价值,而坏公司即使站上了一个高地也是守不住的。

▶ 投资要对自己诚实,要有聪明的正直。

| 第 19 章 |

重仓为社会创造价值的中国企业

访谈对象：潘中宁

访谈时间：2021 年 3 月 25 日

对于这次访谈，潘中宁和我都无比重视。我平时很少会离开上海出差，同异地基金经理的访谈绝大多数会以电话交流的形式进行，但是为了采访潘中宁，我特意飞去北京和他进行了面对面的沟通。而潘中宁也从那一天的早上九点开始，和我一直聊到午餐结束。整个访谈进行了有四五个小时，是我所有一对一访谈中，时间最长的一次。

记得访谈之前，潘中宁把我叫到他的办公室简单聊了几句，问了一些关于我成长背景的事。一边说话，他一边给我倒了一杯茶。他说年纪大了以后，开始喜欢喝茶，喝茶能让人安静下来，而之前在国外比较习惯喝咖啡，喝咖啡容易让人兴奋。他说，投资应该需要安静，不要在市场面前太过于兴奋。

我告诉潘中宁，自己是上海人，也在美国待了很长时间，后来选择回到上海。潘中宁笑着跟我说，上海是一个发展很好的城市，许多上海人都喜欢落叶归根，而他是在火力发电厂周边长大的，老家不是一个经济发展特别好的城市，于是大家都选择离开。有趣的是，潘中宁刚毕业还做过火力发电厂的工程师。在短短十几分钟的聊天中，我一下子感觉和潘中宁的距离拉近了，在他身上你感受不到什么架子，他就像一个特别关心你的老朋友。

我发现海外回来的华人基金经理都特别健谈，这可能和海外资产管理的文化有关。在整个访谈中，潘中宁基本上一口气讲了四五个小时，对于每一个问题，都会特别展开和我分享。不同于我采访过的其他基金经理，潘中宁一上来没有讲自己的业绩，而是谈论起自己的投资哲学和投资产品，他认为业绩是一个结果，比业绩更重要的是可持续性和可复制性。这个想法，也是海外专业投资者反复提及的，我们都知道历史业绩不代表未来，关键是历史业绩是否具有可复制性。

潘中宁也是一个兼具中西方文化的基金经理，他身上既有海外的那种"洋气"，也有中国本土化的"地气"。他告诉我，美国的学习和工作经历真的很宝贵，特别是工作的时候，他的领导毫无保留地把自己对公司和投资的理解分享给了他，这对他今后的投资生涯甚至团队管理方式都带来了巨大影响。东方文化和哲学同样重要，要理解中国资本市场的长期机会，必须对东方历史和文化有深刻认知。

那一次访谈正好还有两个其他媒体的人士，他们问了潘中宁两个问题："你怎么看近期的市场？""你怎么看比特币？"对于这两个问题，潘中宁都笑笑，回答说他也不知道答案。这个回答看似很官方，我却能理解这是一种"价值投资者的语言"。价值投资者，都是无法对短期市场做出判断的。而对于比特币这种不产生现金流的资产，决定价格的是市场参与者的行为。

潘中宁还有一点和其他我采访过的基金经理不同，他管理的钱全部来自海外投资者，没有一分国内零售客户的钱。我们知道，海外投资者的钱都是"长钱"，一旦给你管理，就3~5年不会赎回了，而国内零售客户容易不断申购和赎回，两者的负债端久期完全不同。正因为资金的久期更长，潘中宁才能更加践行长期主义。我们知道，投资中的负债端和资产端是相匹配的，如果负债端的质量不高，也会导致资产端出现问题。很多时候，长期投资也需要约束条件，其中一个重要的条件就是客户的资金性质。

不走寻常路的人生上半场

朱昂：您的背景很特别，能否先谈谈您的从业经历？

潘中宁：和其他基金经理相比，我可能在背景上有三点不同：①大部分基金经理从学校一毕业就进入了金融行业，而我本科学的是电力，曾经在火力发电厂做过工程师，后来硕士改学了经济学，才进入了金融行业；②早在2001年，我就作为投资经理为机构投资者管理二级市场的主动权益，在这个行业干了20年，而公募基金中做了20年投资的人已经不大容易找到了；③我在国内做了投资之后，去海外留学和工作过，之后再从海外回来。国内大部分出国的人，之前都没有从事过投研工作，而我是放弃了当时的工作，直接以一个学生的身份去美国乔治敦大学读的MBA。

朱昂：当时怎么会想到放弃国内的工作，去美国读全职的MBA？

潘中宁：1998年我就在国内的券商做投行业务了，也算是中国较早一批做投行的人之一。当时的市场还处在野蛮发展阶段，许多并购并不是以提高效率为主，而是为了实现资本的短期价值。

我在2001年开始做投资，当时资本市场的投资理念也不是很成熟，大家都是想着赚一波钱然后逃顶。我当时就觉得这种投资策略有道德上的瑕疵。虽然从哲学角度看，一切都是周期，所有的东西都要回到原点，人的出生就是为了死亡，但是从投资上看，我希望去做长期的投资，分享公司的长期增长。那时候的理解有些朦胧，用今天通俗的语言说，就是要赚EPS的钱，不赚估值波动的钱。

我 2002 年就已经开始投高质量的公司了，但总体投资观没有今天那么清晰，于是做了几年投资后我就想着去美国学习一下。

朱昂：于是您就放弃工作出国读书了？

潘中宁：是的，我当时申请到了乔治敦大学的 MBA，这个学校在许多学科上排名都非常靠前。但我在美国最受益匪浅的，并不完全来自学校的教授，而是在工作上学到的。

我当时毕业的时候找工作，给美国许多大资产管理公司的一把手写过邮件，许多人看了我的邮件就马上和我联系见面，并没有因为我是一个中国留学生就不待见我。我曾经加入摩根·基根（Morgan Keegan）做互联网研究，当时这家公司的互联网安全研究在美国排名第一。我当时的领导同我分享了 SaaS 云服务的商业模式，我和同事对全球云服务龙头 Salesforce 做了很多研究。在和他们共事的点点滴滴中，我感受到那种对真理的追求，而不仅仅是对金钱的追求，至今对我都有很深刻的影响。

另一个触动我的事情是，我在摩根·基根的领导跟我说，世界的发展是普惠的，应该更简单、更便宜和更快速（simpler, cheaper and faster）。这个观点我一生受用，改变了我的整个世界观。我意识到人的自我奋斗，不仅仅是为了自己和家庭，也是为了社会的发展。

我早在 2007 年就开始接触 ESG 的理念，意识到经济发展不仅要为公司股东（shareholder）服务，更要为公司利益相关方（stakeholder）服务。投资要找到创造价值的公司，不仅要为股东创造价值，更要为社会创造价值。这样的增长才是可持续的增长，才是有包容性的增长。ESG 让我明白了投资的目的是什么，公司的目的是什么。

朱昂： 看到您在 2007 年就做了基金经理，这一段经历给您带来哪些影响呢？

潘中宁： 我出国的时候，正好赶上中国经济的崛起，受益于中国经济的影响力，能够成为当时少数在海外做基金经理的华人。你也在美国生活过，可能比较清楚，许多老外对中国人有刻板印象，认为中国人就是数学好，只能做量化研究的工作，不能做主动管理型的基金经理。我当时工作的时候，确实赶上了中国的时代红利，这让我在之后的投资中会更加自上而下。要把握时代的潮流和脉络，个体都是时代的产物。

我从 2007 年开始在海外大型资产管理公司做投资，一直是管机构投资者的钱，而一个管理人所管理资金的性质，对他的投资风格偏好是有很大影响的。我认为资产管理的负债端也很重要，一直坚持管理高质量的钱。国内不少基金经理频繁变化自己的风格，是因为持有人没有那么专业，导致基金经理无法坚持自己的投资价值观。

创造社会价值比创造股东价值更重要

朱昂： 能否谈谈您是如何看待投资的？

潘中宁： 我更多地从一门生意的角度去看投资。我有一个 5P 的投资理论：投资收益（performance）是一个结果，这个结果来自投资理念（philosophy）、投资团队（people）以及投资流程（process）。用正确的理念、优秀的团队，按照严谨的流程进行投资，自然就会得到不错的业绩，有了不错的业绩就能给客户提供好的产品（product）。

朱昂：能否谈谈您为什么那么重视 ESG？

潘中宁： 由于在海外工作的经历，我较早就接触 ESG 了，并发现 ESG 的理念和我的价值观比较吻合。一家企业的价值体现，不仅仅是股东利益的最大化。过去是原始资本主义，只强调股东利益，但是在过去十几年，全球出现了一个很大的政治思潮转变，只强调股东利益在各国的企业理论实践中遇到了很大的争议和障碍。欧洲出现了对于股东权益的限制，比如德国企业的职工委员会对不少涉及职工的事项有共决权，包括工作岗位管理权和劳动过程规制权。国内也一直强调反腐，要不忘初心，可以看到这是一种全球性的思潮转变，我们做投资千万不能忽视大趋势。

那么为什么会有这种大趋势呢？用中文说，就是要共同富裕。用英文说，就是要重视 stakeholder（公司相关方利益），不能 winner takes all（赢家通吃）。我们看到美国的贫富差距在 1929 年达到最高点，之后一路下来，后又在 20 世纪 70 年代开始上升，目前又回到了 1929 年的最高点。所以说一切都是周期轮回。这一系列的变化，是推动整个思潮转变的核心因素。

投资本身是世界观的反应，ESG 对公司价值理论进行了重构，我们所投资的公司不仅要给股东创造价值，还要给消费者创造价值，给供应商创造价值。这一点也符合我当年在美国工作时学到的：更简单、更便宜和更快速。

朱昂：更简单、更便宜和更快速是您做投资的重要世界观吗？

潘中宁： 我认为社会的发展，基本上都沿着更简单、更便宜和更快速这条规律运行。以挖掘机产业的变化为例，100 年前的挖掘机其实比今天的动力更强大。当时美国处于重化工业时代，需要巨大的挖掘机在煤矿工作，这些挖掘机不使用目前流行的液压系统，而是依靠钢索实现很大的吨位。按照效率而言，现在挖掘机的单位效率是低于100年前煤矿使用的挖掘机的。现在著名的卡特彼勒那时只是一家很小的公司。

那么卡特彼勒是怎么崛起的呢？第二次世界大战之后，美国出现了去中心化的趋势，大家不需要大型挖掘机了，而需要小型挖掘机帮助美国家庭在家里的后院工作。小型化的挖掘机使用很简单，也能满足大家的需求，这就是更简单、更便宜和更快速，集约式需求变成了分散式需求。

我们再回到公司，本质上公司应该为社会创造价值，而且是以一种普惠的方式。

朱昂：那么ESG除了为社会创造价值，还有哪些其他的体现？

潘中宁：我觉得积极的股东主义也变得越来越重要了。我以前和上市公司管理层沟通，主要讲战略经营，比较书生气。在过去的三五年中，我更多用积极的股东主义视角去和上市公司管理层交流。交流从过去他们单向输出，变成了我们两边的双向输出输入。我能给这些管理层带来很重要的建议，尤其是在ESG方面。更重要的是，我觉得投资应该和优秀的公司为伍，和优秀的人才一起，这样大家都能进步。

对于一些我很看重的公司，我每年都会给它们的管理层写信，提出对于公司治理和资本市场规划的建议。随着自己年龄和阅历的增长，上市公司管理层也越来越能感觉到我们带来的价值。

我还会给一些非常优秀的公司做 ESG 交流分析。拿某家优秀的白电公司为例，2019 年初我专门让 ESG 团队去他们公司做了一次深度交流，这家公司的治理很好，但是一直在 E 和 S 两个项目上得分很低。不是他们不愿意做，而是不知道怎么做。比如对于一些电子废弃物的排放，公司没有统一的标准。还有一家非常优秀的快递公司，在 MSCI 的 ESG 打分也很低。为此我们专门写了一个 20 页的报告给公司管理层，他们看到之后非常吃惊，告诉我从来没有任何一个团队能把他们的 ESG 写得那么清楚。

投资要从历史出发，把握大格局

朱昂：聊完 ESG，能否再谈谈您的投资风格？

潘中宁： 我的投资风格可以用一句话高度概括：自上而下为先，有宏观的、历史的、全球的大格局。只有洞察经济、社会心理、价值观变化，才能看清楚未来中国的投资机遇。

我从自己的人生经历就能深刻感受到，我们都是时代的产物。我非常感恩生活在这个时代，享受到了中国的国运崛起。记得我在美国留学的时候，在达拉斯见到了我们高中时代的学霸，她以前成绩比我好，也更早去美国留学，但是申请到的学校就不如我。在那个年代，她觉得能申请到美国排名前 30 的大学是不可想象的事情。可是我许多后来去美国的亲友，申请到的大学比我还好。这并不是谁比谁更聪明，而是中国正在崛起。一个国家的崛起，和个人的才智并没有关系。

我对香港地区也很了解，许多香港朋友在 1997 年回归之前把中国香港的房子卖了，移民到加拿大温哥华。结果那么多年，温哥华的房子没有涨多少，香港的房子倒是涨了好几倍。认知缺陷做出的决策，导致许多人买了一张单程机票。

回到做投资，我觉得必须要有自上而下的宏观和历史视角，一定要用大格局去看问题。

朱昂： 能否谈谈您是怎么认识大格局的？

潘中宁： 根据美国研究机构麦迪逊研究所（Madison Institute）的统计，中国的经济在1820年之前占到了全球GDP的1/3，但是到了1970年只占3%。1970年至今，这个占比提升到了16%，未来超过20%也不是什么多大的事情。这就是中国经济的均值回归，有了这样的历史格局，再看中国经济短期的困难，都是暂时的。了解这一大的趋势，就不会对中国发生的一些事件有过于负面的、书生意气式的解读，就不会对中国经济发展的大机遇丧失信心。

生活中有许多反常识的东西，比如美国100年前的汽车性能、基于平均工资的价格，其实和今天的差不多，并没有出现速度的大幅提升和价格的下降（相对社会平均工资而言）。但是汽车的普及，对美国效率的提升带来了很大影响。商业飞行也类似，1940年的飞行速度和今天的飞行速度差异也不大，但同样，商业飞行普及之后带来了效率的巨大提升。

在美国历史上，有几个事情影响很大，其中一个是医疗技术的进步。过去几十年人类的寿命增加了二十多岁，关键在于以青霉素为主的抗生素的发明和普及。今天，这种能救人们性命的药品，只卖几角钱。另一个是家用电器的普及，像洗衣机，能够完全解放妇女的生产力。过去干家务是特别辛苦的工作，家电的普及提高了美国的劳动参与率。还有电话的普及，使得人们可以快速交流。再有就是计算机的普及，使得大型运算可以高速完成。

事实上，20世纪90年代开始的互联网技术发展，对美国全要素生产率的提升并不多，只是短期提高了生产率，很快就下降了，其中很大一部分原因是美国社会已经发展到了一个很高的水平。从美国全要素生产率来看，美国增长最快的50年是1920～1970年，而不是大家以为的信息革命之后。

朱昂：了解美国的发展后，能否再谈谈您怎么看过去几十年中国经济的飞速发展？

潘中宁：中国过去30多年的高速发展，相当于美国的两期叠加：旧经济和互联网。1990年开始的传统经济增长，以大规模传统基础设施建设为核心，再叠加2000年开始的全球互联网革命，电商等的出现大幅提高了社会效率，等于是旧经济和新经济一起发展。而美国是在100多年前的罗斯福新政时期，发展作为传统基础建设的高速公路网络的。这就等同于中国在一个历史阶段实现了美国两个历史阶段的增长。

通过这些历史感，就能对中国的未来充满信心。我认为中国是一个有伟大梦想的国家，这个梦想体现在两个方面：第一，我们投资技术；第二，我们投资教育。事实上，这两点都是投资未来，一个是投资科技，另一个是投资我们的孩子。

中国在科技研发上的投资占GDP的比重是2.1%，和OECD发达国家处于同一水平，比发达国家中的西班牙还高。人均GDP在一万美元的发展中国家，科技研发投入占 GDP 的比重只有 0.5%，远低于中国。

中国的教育是很有竞争力的，每年有 470 万理工科大学生毕业，这个数量是所有发达国家的总和，构成了中国的长期竞争优势。这也是为什么中国有最广的工业门类和最强大的生产能力。中国的制造能力从低端技术逐步上升到中端技术，未来实现高端只是时间的问题。回到更大的格局看中国，中国经济的发展从人均 1 万美元跨越到 2 万、3 万美元都没有太大问题。

朱昂： 能否再谈谈您对社会心态变化的观察？

潘中宁： 我觉得过去十几年一个比较大的社会心态变化是，股东利益最大化已经不是企业的唯一目标了，企业开始关注客户、员工。我记得我的老板就明确说过，客户是我们的衣食父母，要尊重客户；员工是公司进步的阶梯，要尊重员工。我认为未来的社会价值观，并不是说不尊重股东利益，而是从原始资本主义的股东利益向一个更广的方向发展。

我认为全球化一定会继续，李录讲得很清楚，长期而言，任何一个自己定义的小圈子都竞争不过全球最大的圈子，因为所有的信息和科技交流都在那个最大的圈子里面。我认为全球化是共识，在全球化竞争中价值观很重要，这是一种多元化的价值观。中国会逐步在把商品卖到国外的外贸形式中，诞生出自己的跨国公司。跨国公司体现在全球员工、全球研发、全球生产、全球销售和全球品牌。搞外贸是赚不到大钱的，只有全球化才能真正赚大钱。

要实现全球化，并不是只符合其他国家的法律标准就可以的，一些亚非拉国家的法律标准是比中国要低的，我们要有更高的标准。在全球化的进程中，ESG 很重要，比如碳排放的标准对家电企业就很重要，否则你的品牌定位就有问题。一家全球化的企业，要符合全球的价值观标准，这就需要把 ESG 纳入进来。

自下而上研究要有自上而下的全局观

朱昂：能否再谈谈您的投资流程？

潘中宁：我的投资流程分为四大步骤：

首先，建立一个涵盖大约 1000 家大中盘公司的初始股票池。

其次，用一个自下而上的量化选股模型，筛选出一个量化股票池。我只关注基本面因子，比如 ROIC、净利润增长率、经营性现金流等。这里比较重要的一点是，每一个行业都有自己的独特性，那么行业指标的计算方式就不一样。

再次，投研团队会针对这个量化股票池，进行深度的基本面和 ESG 研究，优中选优，挑出构建组合的名单库。在这个过程中，会对 ESG 进行非常详细的分析，也会把握基本面中的公司治理、现金流、长期竞争优势、估值等因素。

最后，从这些股票中挑选出 40～60 只股票构建成我们的组合。

我背后有独立的投研团队，包括多名基金经理、基本面研究员、ESG 研究员和量化研究员。

朱昂：为什么会建立独立的投研团队？

潘中宁： 管理海外客户的钱和管理国内的公募基金是完全不一样的，国内大部分是明星基金经理驱动，我是策略驱动，不是靠一个人的能力。但是，我对于人才的重视度非常高，希望依靠团队的力量建立可持续和可复制的业绩。

无论是投资的换手率还是人员的流动率，我这边都是市场最低的之一。我的投资团队需要成员具备的素质有：正直，有追求真理的好奇心，有独立、开创性的思考，心胸开阔。

我招人时对于国际化思考方式的考量胜过国际化背景。比如去年招的一个分析师，他并没有海外留学背景，但是读书期间曾到美国实习以及调研，国际化思维比许多海外留学的还要好。

前面说到，我投资采用的是自上而下的思考方式，但是我的超额收益来源主要是自下而上的个股选择，我把自上而下的思维贯穿到从自下而上的研究到投资风控的每一个环节。我认为最稀缺的资源是优秀的企业家，最好的风控是以正确的价格投资最好的公司，并且保持适当的分散化。

朱昂：能否谈谈自上而下在您投资框架中的体现？

潘中宁： 我会从长期趋势、中期趋势、短期趋势三个维度来进行行业分析，决定不同行业之间的超配或者低配。

决定长期趋势的是人口和技术，中期趋势受金融周期影响较大，短期趋势来自利率、行业景气度和行业估值。以中国为例，长期趋势是中产人群崛起和人口老龄化，中国经济的增长将更多依靠消费、医疗健康、科技驱动。这也是为什么我在这几个行业以及新能源里面建立了绝大多数的仓位。在中期趋势上，中国经济处于金融周期的调整期，过去十多年以来 M2 的增速一直高于名义 GDP，这个模式难以继续下去。从这个角度看，未来 5 年地产周期基本见顶，房地产开发商以及相关传统行业的成长空间有限。所以我在金融上的配置比较少。在短期趋势上，利率、社会融资总额的变化会对不同行业有不同的影响，叠加行业估值的纵向和横向比较，我会基于行业的估值和成长性，在涨得多的时候卖一些，在比较低的时候买一些。

将 ESG 嵌入每一个基本面分析

朱昂：回到 ESG，您是如何把 ESG 加到投资流程中的？

潘中宁：我做的 ESG 研究是嵌入式的，即嵌入基本面研究。我所在团队的每一个内部研究员的报告，都必须有 ESG 模块在里面，这是强制性要求。在内部基本面分析师考核中，有不小的权重来自 ESG 团队，从制度上保障了分析师必须要做 ESG 研究。我们不只研究 MSCI 的 ESG 指数，每一个行业都有自己的 ESG 研究框架，且都进行了本土化处理。

举一个例子，在公司治理上西方人通常认为董事会要确保有多少独立董事，性别也要多样化。但是在中国，董事会要满足性别多样化是很容易的。此外，老外天生对国有企业有偏见，我们认为这种偏见是没有道理的，许多在 ESG 上出大问题的都是民营企业。以前几年董事长出事的某家民营房地产企业为例，它很容易满足海外的 ESG 标准，但是在我们内部的 ESG 评级中就很差。

我们制定了一套更加本土化的 ESG 研究指标，覆盖股权质押比例、财务稳定性和表外融资等多个方面，触及 20 多个数据点。我们还针对业务多元化的企业（比如一些互联网企业有不同类型生意），把 ESG 分析落实到每一块业务上。我们有通用型 ESG 分析模板和不同行业的个性化 ESG 分析模板，尽量把每一个行业和公司的 ESG 都梳理清楚。

朱昂：您怎么看待 ESG 在长期收益上带来的价值？

潘中宁：ESG 能带来两方面的帮助：消除尾部风险；给优秀的公司以更高的估值。从我们内部的数据看，运用了 ESG 策略的产品的收益率，比没有用 ESG 策略的高 5%。

朱昂：过去几年，有什么让您印象比较深刻的研究案例吗？

潘中宁：光伏是我职业生涯中遇到的研究起来比较困难的一个行业，我自己作为学电力出身的人，都花了一年半的时间才慢慢把这个行业理出头绪。我花那么多时间去研究光伏，是因为看好这个行业。

从碳排放的角度看，光伏是一个非常符合 ESG 观念的行业。太阳能是一种自然能源，通过光伏技术，人类历史上第一次如此接近能源的终极解决方案。人类活动一年所需要的能量，不到太阳一天给我们带来的能量。太阳能也是一种普惠能源，相比之下，煤炭和石油都充满了各种不平等，不同国家的资源禀赋会有差异。

中国的光伏行业到了转折点，高光照地区不再需要政府补贴就能实现盈利。硅片的大尺寸化是不可阻挡的趋势。中国的电池片公司，也会不断采用新的技术，持续降低度电成本。在光伏行业，中国公司已经是全球竞争优势最强的公司。美国人发明了太阳能电池，中国人会让太阳能电池在全世界得到普及。

要得到投资者的信任，必须专业 + 专注

朱昂：您对海外很了解，如何把海外投资哲学更好地在中国本土化？

潘中宁：我认为一切战术战略产生的价值，都建立在势均力敌的基础上。敌人有 5 万兵力，我也有 5 万兵力，这时候可以用《孙子兵法》。如果敌人用枪炮，我用冷兵器，照搬《孙子兵法》就没什么用。

我觉得格雷厄姆的价值投资是一种精神，但不能生搬硬套。同样，我们也不能生搬硬套巴菲特的价值投资。不能说巴菲特买了可口可乐，我们就买中国的矿泉水。我认为任何投资都是价值投资，每个投资行为都是内在价值观的反映。我觉得投资要多元化，对市场要客观，不能被一些理念束缚了。所谓"兵无常势，水无常形"，具体问题要具体分析。我自己采取的中长线投资方式，也和自己的管理规模、资金属性、投资人要求相匹配。

我不是格雷厄姆那种价值投资者，我会关注公司如何创造价值，是否给消费者、员工、股东、社会创造了价值。这种方式和以估值高低去买卖公司并不一样。

我也有自己坚守的投资原则：不管股价有多吸引人，也不投资缺乏社会道德感的公司。

朱昂：海外投资者委托的钱，其实并不好拿，要很长时间才能建立信任，您是如何拿到那么多海外一线机构的钱的？

潘中宁：我觉得有几个原因让我的海外业务能有如此好的发展。

首先，我是非常专注的，过去八年我就做这一件事，一直在坚持。

其次，这一块业务千万不能用基金公司内部的"过剩产能"来做，一定要用专门的团队来做。如果让国内很优秀的基金经理兼顾海外投资者的产品，他可能在公募基金这边管了上百亿元，但在管理海外资金时，即使有能力，也未必会按照国际化的标准去做。

最后，这一块业务必须要完全国际化，投研、销售、产品、风控、合规、法律等都要实现国际化，这样才能真正和海外投资者实现对接。国际化的同时，还需要价值观以及文化上的匹配。我们确实看到过一些在海外很优秀的人才，但是如果文化不匹配，也不是我们要的人。

投资理念与观点

▶ 决定长期趋势的是人口和技术，中期趋势受金融周期影响较大，短期趋势来自利率、行业景气度和行业估值。

▶ ESG 能带来两方面的帮助：消除尾部风险；给优秀的公司以更高的估值。

| 第 20 章 |

构建深度研究与风险定价的科学体系

访谈对象：余小波

访谈时间：2020 年 12 月 25 日

和余小波的访谈时间，正好是 2020 年的圣诞节。我在这一年不断访谈基金经理之后，开始有了一个想法：引入一些不同视角的基金经理。绝大多数我们访谈的基金经理，都是国内公募基金的基金经理。而这几年大家谈论最多的是外资流入，并且获得了一部分优秀股票的定价权。

另外，我更感兴趣的是外资系统化的投资方法。我们知道，过去 200 年经济增长的驱动力是工业革命带来的生产效率提升。工业化影响着各个行业的飞速发展，资产管理行业也是其中之一。海外的资产管理机构已经进入了工业化生产时代，有着完整的投资流程，并且基于投资目标将投资进行分拆。在海外，大家最看重的是：超额收益的可持续性。

于是我萌生了一个想法，找一家外资基金的基金经理聊聊。在机缘巧合下，认识了余小波。我坐在陆家嘴花旗大厦靠窗的办公室里，看着上海秋天的蓝天白云，听着余小波一层层从投资目标，到投资理论，再到投资框架，从行业选择，到个股选择，再到财务分析。看着窗外的白云慢慢变成晚霞，却一点都不觉得时间漫长。

投资是科学和艺术的结合，但长期投资主要是一种科学。在和余小波的交流中，能强烈感觉到他身上流淌的"科学血液"。他非常强调财务模型的构建，每年会进行许多次调研，每一次调研都需要把结论进行数据化，最终通过财务模型把公司长期的现金流折现测算出来，从而真正对一家公司进行定价。

余小波认为，朴素的数学思维是投资中最底层的沟通"语言"，无论是对上市公司的调研，还是内部的研究员交流，都必须围绕财务模型进行探讨，而不是讲单纯的故事或者概念。通过深度研究构建出来的模型，也能够帮助做组合管理，对不同公司的风险溢价进行量化，从而使组合时刻保持在风险收益比较高的位置。此外，相比于国内大多数人比较看重景气度投资，余小波更偏好从处于供给侧出清的行业中寻找机会。他认为景气度高，意味着竞争会变得更加激烈，而竞争对手会越来越少，反而有利于长期资本收益率的提升。

复利=重复找到创造高价值的企业

朱昂：能否谈谈你的投资框架和投资流程？

余小波： 回答这个问题，我们要回归到投资的根源目标。作为资产管理人，我的目标是给客户带来长期持续的资产价值增长。长期增长具有复利特征。大家买股票也是希望买有复利特征的股票，这种股票的走势是长期不断向上的。

复利这个词分为两个部分：一个是"利"，另一个是"复"。我的投资框架也围绕复利分为两个部分：第一部分是找到"利"，也就是通过研究找到能创造价值的企业；第二部分是实现"复"，使第一部分这个动作能重复做。作为二级市场的专业投资者，我们固然高度关注"利"，但更关注的是"复"，建立能够"复"的投资框架体系，这个体系有很强的可持续性，并且能够伴随着时间不断优化。

我的投资体系概括为一个公式就是：深度企业研究＋风险量化定价＝长线超额收益。

投资的根本是找到社会的价值所在。真正的社会价值是企业创造的，在二级市场金融投资人员更多的是发现价值，并且去做定价。对于社会财富的根源我们要想得很清楚，所以我们不会去赚博弈的钱。

那么深度的企业研究怎么做？我用调研这个视角来和大家分享。我们公司有70多名研究员，每年调研的次数加起来有6500多次。我们的调研不仅包括上市公司调研，还包括产业链调研、上下游的经销商和供应商调研。我们的调研基本上都是一对一的，不太参加一对多的集体调研，并且我们的调研会多做几步，包括每一次调研结束，我们都会把调研信息量化到公司的财务模型中。

必须把对企业的理解数据化

朱昂：你们深度研究的第一步是做能够量化的财务模型？

余小波： 理解商业模式，或者说理解企业生意到底怎样赚钱，这种赚钱模式能不能持续，在市场竞争中是否可以保持，是研究的核心。人的认知通常分为定性与定量理解，我们希望能够深入理解企业生意的每一个环节，从而做到对企业的运行心中有数，这时候具有逻辑性的数学财务模型能给我们一个很好的工具。中国过去20年处于高速增长状态，容错率比较高，定性研究一些产业大方向，看对了，即使出现大的反复，只要拿得住，依然能有好的收益。但在目前的全球经济环境下，企业都面临严峻的外部环境，容错率下降，企业估值高企，现在对于投资判断的要求更高了。

大部分人在调研公司后，会得出一个大的方向，但是没有把调研结论量化成数据。对于价值投资者来说，买资产基于生意未来现金流的折现。通过把信息量化成数据，我们能够非常清楚地理解企业利润究竟从哪些环节得来，是否可持续，从而更好地帮助我们对资产进行定价。如果没有认真做过财务模型，就很容易被表面现象迷惑。我们基本上不太会"踩雷"，就是因为心里对于公司财务质量非常有把握。

我们在包括中国大陆A股、中国香港港股、中国台湾股市及美国中概股、日本股市、韩国股市等在内的股票市场，独立构建了1000多个公司的财务模型，每一个模型都有几十页Excel表格。这些模型都是我们自己做的，不是用其他人做好的模型。我们和许多投资者都不太一样，许多投资者关注景气度和定性方向偏多，对于定量分析的关注较少。

我们所有的研究员进公司第一天就要做模型，这也是有历史原因的。我们开始是做港股投资的，港股市场很残酷，里面都是机构，没什么散户，也没有A股那么好的流动性。我们之前做过统计，欧美市场一年的平均换手率是2倍，A股是7~8倍，而港股仅为60%。欧美和日本市场市值后50%的公司，其市值占到了总市值的5%~6%，A股是30%，港股只有0.5%。以前在港股，一旦买错了股票，都卖不出去，犯错成本很高。所以我们一开始就假设没有流动性，至少把公司未来三年看清楚，而且要把基本面用财务模型量化出来。

我自己当年是一个格子一个格子把历史数字手工填进去的，不是直接从彭博或者万得（Wind）上下载的。自己做过一遍模型后，就会对公司有一种感觉。当你看公司的财报时，就会对某些数字的突然变化特别敏感。现在技术发达了，可以直接在万得里面获取历史数据，也告别了手工输入的时代。不过我们对于研究员做模型，还是一直保持严格要求。

对于公司的判断是关注未来。我们在调研的过程中，会把用于判断未来的所有关键假设都写下来，公司的增长来源要能够拆分出来。比如，预计明年一个商品销售额增长20%，我们会要求列出来销售量增长多少，单价增长多少，毛利率增长多少。每一个核心假设后面都要写上注释，说明这个数字是怎么研究得来的。随便拍定一个数字很容易，但是这样不够严谨。我们每一次调研，都会把调研反馈填写在模型里面。

当然，我们并不是在追求精确的错误，而是想知道一些重要指标发生变化后，会对公司的盈利产生多大影响，相当于做一个敏感性分析。而且这里面的许多指标都是高频数据，研究员每个月甚至每周都需要跟踪。

上市公司要造假，一般能在某个点造假，但很难在所有的点上都造假。比如有些公司可以粉饰利润表，但看资产负债表和现金流量表就能发现问题，像有些公司同时存在大额现金和大额借款，这并不符合常识。我们最关心的是一个公司的现金流量表和资产负债表，而不是利润表。公司价值最核心的本质是现金流情况而不是账面利润。利润是容易粉饰的，比如一个公司可以通过发货压到渠道，让利润虚高，但是在资产负债表上一定会出现一堆应收账款，经营性现金流也会变得很差。

我举个例子，A股有个行业有两家业务和产品非常相似的公司，两家公司的利润增速差不多，但是A公司的估值就是比B公司高很多。我们把两家公司的现金流量表进行了拆分，发现A公司的利润和经营现金流是匹配的，但是B公司的利润和经营现金流是不匹配的。这意味着B公司卖了产品出去，但没有收到相应的现金。从这个角度看，两家公司的估值存在差距是非常合理的。

类似的例子有很多，有些公司看上去很便宜，其实有一大堆应收账款，估值的折价也是比较合理的。正因为我们非常注重这些指标，导致投资的时候不太会"踩雷"。我们做研究的时候，先看资产负债表和现金流量表，最后才看利润表。我觉得这个和投研体系的底层思维关系很大，我们更关注公司的最终现金流转化能力。

朱昂：你们非常重视做公司的财务模型，那么怎么看DCF模型呢？

余小波： DCF模型要拉个十年的永续增长不难，但是准确性是很低的。通常来说，我们认为能看清楚三年就不错了。相对来说，传统行业做 DCF 模型会简单一些，科技行业比较难，许多公司一开始都是亏损的，现金流是负的，后期现金流很好，也可以来估值，但远期预测我们通常要打一个折扣，留下安全边际。我觉得不要试图看清一个公司十年，这么长时间里影响因素太多，能把三年看清楚就不错了。这也是为什么我们对于模型的要求那么高，一定要把公司运营底层的方方面面都搞清楚。

归根结底，生意如果很好，一定要收到客户买单的钱。过去十年因为量化宽松，很多生意没有收到钱也没关系，后面有债务或风险投资撑着，可以不断烧钱。但问题是，一旦资金面紧张，资金成本升高，这种生意可能不能持续，风险和收益不对称。资产管理人的信托责任不只要求关注收益，还要求帮助投资者规避重大风险。

用风险量化定价做组合动态管理

朱昂： 前面讲了你们的深度研究，能否再谈谈你们的风险量化定价？

余小波： 这一块主要是基金经理的工作。我们的价值投资是寻找"3R"：正确的生意（right business）、正确的人（right people）、正确的价格（right price）。定价是一个极具艺术性的工作。我们此前和海外成熟的机构投资者交流，他们对于每年收益背后承担的风险很清楚。例如有机构跟我们说，希望做到 8% 的年化收益率，波动率不要超过 5%，其对于要获得的风险收益特征是很清晰的。但国内投资者不太会从风险角度去看问题，因为在中国多年的高速增长期中大家最关心的还是增长。关于这个问题，我举一个简单的例子吧。

过去20年中国最好的资产是什么？我问过国内许多的机构投资者和高净值客户，大家第一反应就是房子。为什么房子那么好呢？我们拿北上广深为例，过去20年房价每年大概有8%～10%的增长，但是波动率大概只有2%，没有出现过房价的大跌。所以这个资产的收益率还可以，更重要的是回撤很低。这就是一种风险收益不对称的状态，导致夏普比率特别高。在这种状态下可以对其使用杠杆（贷款），收益率一下就上去了。

另一个过去20年很好的资产是高收益债券，如品质较好的城投债，只是这类资产普通人一般不参与，主要是机构在投资。给了一个很高的收益，本来要承担较高的违约率，但是过往有不少案例最终实现了刚兑。这意味着你并没有为获得高收益而承担相应的风险。

所以最好的资产并不是表观收益率最高的资产，而是风险收益不对称的资产。我们再来看A股，如果把沪深300里面的国企、大银行等剔除，年化收益率有15%～20%，但是波动率有30%。这是另外一种不对称，收益率虽然不错，但是波动率很高。高波动资产最好不要用杠杆，三倍杠杆一个30%的波动就没了。

这里要强调一下，波动或回撤并不等于风险。持有长期能产生良好现金流的优质资产，如果资金的期限够长，可以度过波动，最后就会有好的回报。这里需要深入研究。但是大部分投资者很难接受较长的期限，这也是很多投资最后结果不好的重要原因。这一点在国内基金上也比较普遍，基金业绩好但是持有人经常进出反而没有赚到钱。另外杠杆投资会大大缩短你的持有期限，这也是我们不主张在高波动资产上使用杠杆的原因。

从大类资产配置的角度出发，长线就是找到风险收益不对称的资产。类似于一些宏观全天候基金，就运用了风险平价体系来做风险收益的配置。由于不同资产的风险收益特征很鲜明，彼此之间能互相对冲，长线能够满足大家的风险收益需求。

举例来说，如果买国债，收益率可能是 3%，这个基本上是无风险的。如果现在有一个中小型房地产企业发票息为 4% 的债券，这个肯定是发不出去的。在中国香港市场，一般需要 10% 以上的票息才能发出去，和国债收益率之间的差就是风险溢价，风险溢价就是对企业业务的风险定价。

债券的模型很简单，每年获得固定的票息，到期后拿回本金。巴菲特说过，过往一百年美国股市就是一个年化 11% 的债券。这就回归到投资的本源——现金流。债券背后是确定的现金流，股票市场背后则是不确定的现金流。前面提到我们会做非常详细的模型，就是为了把绝大多数企业未来的现金流预期做清晰。我们的投资框架会根据股票和债券之间的风险溢价，进行大类资产比较，根据风险收益特征决定持有多少风险资产会比较好。

过往在市场极端情况下，例如 2015 年上半年市场行情火热，随着价格上升我们发现持有股票的性价比越来越低了。许多组合里面的公司根据现金流贴现，能够获得的收益已经和国债的收益差不多低了。当时处在巨大泡沫中的中小股票，未来现金流贴现基本上是没有收益的。那么股票作为风险资产，收益率比无风险资产还要低，这个时候其实不应该持有，因此当时我们就不断减仓，到了市场大幅调整的时候我们的回撤就小很多。2016 年两次熔断之后，我们从风险溢价模型中看到，股票池内的公司能够提供超过 12% 的现金流隐含收益率，而当时无风险收益率只有 2.5%，持有股票获得的风险补偿很高，并且市场的下跌与企业基本面无关，这个时候我们非常积极地去持有优质企业的股票。

朱昂：前面你的案例也提到了仓位管理，能否说说你们是如何具体进行仓位管理的？

余小波：许多人认为仓位管理是一个择时问题，我并不那么看。仓位管理，我觉得应该有更多科学成分。有些人会觉得市场风险高了，那么把仓位降一降。到底是降低到 70% 还是 50% 呢？这需要一个科学的方法。

公司股价每天都在发生变化，但是公司的内在价值短期不会大幅变动，除非研究没有做到位，把基本面看错了。这意味着一个公司一年涨了好几倍，除了反映出市场对其基本面的共识，大多数情况来自估值提升。这时股票的风险溢价就会变差。我们要看看在新的价格下是否透支过度，如果整体找不到风险收益比较好的股票，我们的仓位就会自动降下来。

在组合构建上，我们的行业是很分散的，通过把公司的内生价值量化成类债券的现金流，我们对于组合所对应的风险收益特征很清晰。我们在单一行业的持仓通常不会超过 30%，也不做所谓的行业轮动配置，但是个股集中度比较高，组合里面一般持仓 20 只左右的股票。在长期高仓位的环境下，根据内部统计，2015 年至今的六年，我们的年化收益率达到 19%。当中市场经历了几个周期，但我们的国内组合这几年里在幅度最大的 15 个下跌日和最大的下跌月中，全都取得了超额收益。组合呈现出收益较高，同时波动和回撤比较低的特点，背后的原因就是我们对组合进行了风险定价的动态管理。

另外，我们在构建组合时不分 A 股和港股。其实沪港通、深港通打通之后，大家买公司不会想这个公司到底是 A 股还是港股的公司，就像今天许多人买公司不会想这是上交所还是深交所上市的公司。我们在投资视野上，会比国内其他投资者稍微开阔一些，还会看整个亚洲的产业链。例如我们很少买 A 股的电子股，主要是因为我们能在日韩股市与中国台湾股市买到更优质、核心竞争力更强也更便宜的电子产业公司，这和全球产业链布局有关。

朱昂：你之前也谈到过去 20 年是房地产的好日子，未来的大类资产中你看好什么？

余小波： 从大类资产的角度看，我长期对中国股票非常看好。过去中国居民的资产主要配置在房地产里面，现在提倡直接融资，发展资本市场，包括市场已经开始实施注册制了。未来注册制全面推进后，定价就交给市场。放眼全球，中国优质的企业能提供的长期收益率是很好的。

此外，中国资本市场的互联互通，让可投资的标的越来越多。以前只能投 A 股，现在大家还可以投港股的好公司，后面还会有和其他地区的互联互通，甚至还会有可交易资产的证券化，类似于 REITs 这种，整个二级市场未来的发展空间还是比较大的。资本市场的大发展，也会让市场的定价变得更有效。

价值和成长并不对立

朱昂：在组合的构建上，你会不会对某些因子进行暴露，比如在价值因子上多做暴露？

余小波：我们在投资上没有因子这个概念，之前有投资者问过，我们到底算价值股投资者还是成长股投资者。我觉得成长和价值不是对立的。高成长性代表一个公司远期获得现金流的能力较强。反过来说，有些公司一直没有增长，甚至负增长，那么就是价值陷阱，再便宜也不能买。成长性是公司价值非常重要的组成部分，但真正能做到长期增长的公司非常稀少，这是竞争导致的必然结果。这种真成长的公司我们认为是瑰宝，应该非常重视。我们在投资上不会去贴标签，还是看每一个公司单独的情况。比如银行股，大家都觉得是价值股，但是这里面有些股份制银行的成长性很好。

最近几个月所谓的顺周期表现很好，我们的组合长期持有银行和地产的优质公司，但我们不是冲着价值这个标签去买的，而是觉得公司的长期成长性及内在价值被低估了。同时我们的组合也有在港股和美股上市的互联网龙头这类通常意义上的成长股。

我跟研究员反复讲，研究一定要看未来的变化，判断公司未来的地位是会上升还是下降，竞争格局是会优化还是恶化，不是简单看一个公司的估值是不是便宜。估值是未来动态决定的，不是当前静态决定的。

对于一个公司定价，是真正去理解这个公司的商业模式，判断公司的壁垒能不能持续。这里面要对产业进行深入理解，而不只是看当前的数据。对于一个公司远期的判断，要从企业家和产业格局的角度去想问题。公司价值的本质是生意创造现金流的能力。

长期的预测是很难的，根据中国工商局的统计，只有不到50%的公司能活过10年。面对一个不确定的未来，我们最后的收益是概率和赔率相乘，如果概率很低，最后我们获得的数学期望值就很低，而且承担了很高的风险。

朱昂：这几年国内越来越多的投资者会去投那些高概率、现金流能算清楚的公司，导致这一批公司变得很贵，会不会对你们投资产生影响？

余小波：这个事情背后的本质是大家都预期无风险利率会不断下行或长期维持低位，那么确定性高的公司溢价在拉大，就值得更高的估值。另外头部公司的优势也确实在加强，这么看来高估值有其合理性。不过其实最近中国的无风险利率是上行的。一旦利率出现波动，有可能产生巨大的长尾风险，就像20世纪70年代美国的"漂亮50"崩盘一样。当外部环境发生大变化的时候，公司的定价一定会发生改变，因为社会资金成本发生了变化。很多时候投资者容易对自己喜欢的公司产生情感依赖，忽视外界环境的变化。还是需要保持理性与客观。

规避在自己不懂的事情上下注

朱昂：之前看过你的一个采访，认为经济、产业、企业都有周期，能否谈谈你对周期的看法？

余小波：通常是多个周期的叠加，导致了一个结果。从一个大周期角度看，现在的财富集中度比第二次世界大战前的时候还要高。在布雷顿森林体系崩溃后，华尔街主导了货币政策，不断地印钞，让拥有资产的人受益，在西方体系里引发了很多社会问题。这一次新冠肺炎疫情像一个大过滤器，加剧了贫富差距。企业和企业之间的差距在拉大，更多向头部的企业集中，这一点和人与人贫富差距的拉大也很类似。

这种大周期调整需要很长时间，大周期背后还有小周期。我们需要对所处的周期位置进行了解，但我们很难基于周期去做具体投资。影响周期的因素有很多，非常复杂，导致周期的变化相对随机。我们做投资，还是将主要精力花在研究企业本身上，优质企业能够对环境与周期做出适当应对。

朱昂： 那么你怎么看长期利率，最后通胀会不会起来？

余小波： 我不是宏观经济专家。但短期来看通胀往上走的概率偏高。过去全球能维持较低的利率水平，一个重要的原因是全球化。全球化带来了效率提高，美国老百姓才能买到中国工人制造的廉价商品。现在全球化退潮，出现了国家与国家之间的冲突，降低了效率。另外，为了应对危机，制造了大量的流动性。通胀的表现形式未必和过去一样，其实近期业界已经提出，通胀要算上资产价格的上升。

朱昂： 那么你对于通胀抬头，会不会做一些对冲操作，或者买一些期权？

余小波： 我们之前投资了一些矿业、航运等领域的周期公司，但不是为了对冲。还是回到自下而上看公司的角度，一方面公司的股价足够低，另一方面公司业务所产生的现金流回报已经能让我们满意了。

我们千万要规避在自己不懂的事情上下注。例如在判断油价的涨跌方面，我们不是专家，这个可能连石油国家也搞不清楚。我们用的是底线思维的模式，先把投资的底线看清楚。

例如对于风险投资或早期投资来说，由于都是初创企业，失败的概率很高，通常是在一个成功案例上获得了百倍收益，从而弥补了组合里其他案例的大量失败。但二级股票市场的生态不一样，作为高流动性资产，更多要依靠科学的持续体系而非押注小概率的百倍回报。

在投资中，我们一直强调要相信常识。过去两年股票市场的收益率很高，我觉得未来要降低股票的预期收益率。现在整个大环境没有那么好，底层实业面临很大的挑战，要预期一个特别高的收益率，是不现实的。

投资中很多外部宏观"黑天鹅"事件是没有办法提前避免的。我们要确保的是，在每一次金融危机结束后，组合里绝大部分资产基本面足够好，能够跌下去之后再回来。用现在的话讲，要持有"硬"资产。只不过资产到底要有多硬，每个人的定义不一样。我们的定义是资产能长期产生现金流，公司的服务或者产品老百姓会持续买单，公司未来的市场份额最好能提升，竞争力变得更强。我看公司的底线思维角度，有点像从供给侧去看问题，不是从需求侧。

从供给侧而非需求侧看公司竞争力

朱昂：你前面提到从供给侧去看问题，不是需求侧，能否也展开讲讲？

余小波：绝大多数投资者关注需求侧，特别是对于行业景气度关注度很高。所谓的景气度投资方法，就是从需求侧角度出发，需求好，景气度才会很高。但是景气度高的行业，一定有很多产业竞争对手会进来。

企业家一定不希望竞争对手太多，这时就要看公司有没有足够强大的壁垒阻止别人进来。如果不能阻止别人进入，那么就要做好降价和降利润的准备。竞争对手越多，越容易把行业的收益率拉低，导致最后大家都不怎么赚钱。这又会导致行业的出清，供给变得有限，收益率可能又开始上升。基本面研究的核心就是确定未来的产业竞争格局和周期。

例如白酒这个行业，即便今天给我几千亿元现金，我也无法短期打造一个一线白酒品牌，因为行业头部公司的壁垒很深，这源于长期品牌、供给、消费者口碑。二三线品牌的竞争非常激烈，但整个白酒行业并没有什么明显的增长。许多行业目前都出现了市场份额向头部公司集中的情况。

当进入壁垒很高之后，里面的优秀公司就可以享受比较高的资本收益率。这意味着公司赚到的钱，大部分留存在股东层面，对于小股东来说是好事。否则公司赚的钱都用于竞争了，无法分配给小股东。大部分行业内的竞争会导致公司资本开支和费用变成沉没成本，只有小部分会形成新的竞争壁垒。

从基金经理到管理者，学会用实业眼光看问题

朱昂：在你的投资生涯中，有什么飞跃点或者突变点吗？

余小波：我很早就对投资产生了兴趣，在大学期间读了《对冲基金风云录》，对我启发很大。巴顿·比格斯的这本书描述了2000年左右美国基金行业的各种生态，和今天的中国有些类似，都处于资产管

理行业大爆发的时代。我就一直想去做投资。毕业后我去了中金的研究部做卖方分析师，之后来到基金公司。

一个突破发生在我进入基金公司两三年左右。我们进来的每一个人，都要从做财务模型开始。在做了100多个模型后，我对于上市公司的许多信息，就能够自动形成一种数量化的感觉。比如一个公司的产品要涨价，我就能迅速算出公司今年的收入、利润、现金流影响大概是多少。做了很多模型后，就自然形成一种朴素的数学和逻辑思维的方式，会把收集到的公司信息数据化并前后关联看是否有矛盾。我也喜欢和人用数学的语言沟通，而不是讲一些概念和故事。

另外一个最重要的突破，是过去这几年我的角色从一个基金经理转变为公司的管理者，负责集团在中国的业务运作管理，不仅要做投资，还要和客户沟通，和监管沟通，搭建我们在内地的团队。这个经历让我从一个企业家的角度去看问题，也明白运营一个公司实际要面临的各种情况。所以现在每次别人给我讲一个公司，我都会追问细节，比如新业务要多少人，需要花多少钱，竞争对手在怎么做，会问得很细。我看公司运营会更加有立体现实感，不会过于理想化。用企业家的同理心来看问题、想问题，更有利于抓住商业的本质。

投资理念与观点

▶ 理解商业模式，或者说理解企业生意到底怎样赚钱，这种赚钱模式能不能持续，在市场竞争中是否可以保持，是研究的核心。

▶ 公司价值最核心的本质是现金流情况而不是账面利润。

▶ 最好的资产并不是表观收益率最高的资产,而是风险收益不对称的资产。

▶ 估值是未来动态决定的,不是当前静态决定的。

▶ 对于一个公司远期的判断,要从企业家和产业格局的角度去想问题。公司价值的本质是生意创造现金流的能力。

推荐阅读

序号	中文书号	中文书名	定价
1	69645	敢于梦想：Tiger21创始人写给创业者的40堂必修课	79
2	69262	通向成功的交易心理学	79
3	68534	价值投资的五大关键	80
4	68207	比尔·米勒投资之道	80
5	67245	趋势跟踪（原书第5版）	159
6	67124	巴菲特的嘉年华：伯克希尔股东大会的故事	79
7	66880	巴菲特之道（原书第3版）（典藏版）	79
8	66784	短线交易秘诀（典藏版）	80
9	66522	21条颠扑不破的交易真理	59
10	66445	巴菲特的投资组合（典藏版）	59
11	66382	短线狙击手：高胜率短线交易秘诀	79
12	66200	格雷厄姆成长股投资策略	69
13	66178	行为投资原则	69
14	66022	炒掉你的股票分析师：证券分析从入门到实战（原书第2版）	79
15	65509	格雷厄姆精选集：演说、文章及纽约金融学院讲义实录	69
16	65413	与天为敌：一部人类风险探索史（典藏版）	89
17	65175	驾驭交易（原书第3版）	129
18	65140	大钱细思：优秀投资者如何思考和决断	89
19	64140	投资策略实战分析（原书第4版·典藏版）	159
20	64043	巴菲特的第一桶金	79
21	63530	股市奇才：华尔街50年市场智慧	69
22	63388	交易心理分析2.0：从交易训练到流程设计	99
23	63200	金融交易圣经II:交易心智修炼	49
24	63137	经典技术分析（原书第3版）（下）	89
25	63136	经典技术分析（原书第3版）（上）	89
26	62844	大熊市启示录：百年金融史中的超级恐慌与机会（原书第4版）	80
27	62684	市场永远是对的：顺势投资的十大准则	69
28	62120	行为金融与投资心理学（原书第6版）	59
29	61637	蜡烛图方法：从入门到精通（原书第2版）	60
30	61156	期货狙击手：交易赢家的21周操盘手记	80
31	61155	投资交易心理分析（典藏版）	69
32	61152	有效资产管理（典藏版）	59
33	61148	客户的游艇在哪里：华尔街奇谈（典藏版）	39
34	61075	跨市场交易策略（典藏版）	69
35	61044	对冲基金怪杰（典藏版）	80
36	61008	专业投机原理（典藏版）	99
37	60980	价值投资的秘密：小投资者战胜基金经理的长线方法	49
38	60649	投资思想史（典藏版）	99
39	60644	金融交易圣经：发现你的赚钱天才	69
40	60546	证券混沌操作法：股票、期货及外汇交易的低风险获利指南（典藏版）	59
41	60457	外汇交易的10堂必修课（典藏版）	49
42	60415	击败庄家：21点的有利策略	59
43	60383	超级强势股：如何投资小盘价值成长股（典藏版）	59
44	60332	金融怪杰：华尔街的顶级交易员（典藏版）	80
45	60298	彼得·林奇教你理财（典藏版）	59
46	60234	日本蜡烛图技术新解（典藏版）	60
47	60233	股市长线法宝（典藏版）	80
48	60232	股票投资的24堂必修课（典藏版）	45
49	60213	蜡烛图精解:股票和期货交易的永恒技术（典藏版）	88
50	60070	在股市大崩溃前抛出的人：巴鲁克自传（典藏版）	69
51	60024	约翰·聂夫的成功投资（典藏版）	69
52	59948	投资者的未来（典藏版）	80
53	59832	沃伦·巴菲特如是说	59
54	59766	笑傲股市（原书第4版.典藏版）	99

推荐阅读

序号	中文书号	中文书名	定价
55	59686	金钱传奇：科斯托拉尼的投资哲学	59
56	59592	证券投资课	59
57	59210	巴菲特致股东的信：投资者和公司高管教程（原书第4版）	99
58	59073	彼得·林奇的成功投资（典藏版）	80
59	59022	战胜华尔街（典藏版）	80
60	58971	市场真相：看不见的手与脱缰的马	69
61	58822	积极型资产配置指南：经济周期分析与六阶段投资时钟	69
62	58428	麦克米伦谈期权（原书第2版）	120
63	58427	漫步华尔街（原书第11版）	56
64	58249	股市趋势技术分析（原书第10版）	168
65	57882	赌神数学家：战胜拉斯维加斯和金融市场的财富公式	59
66	57801	华尔街之舞：图解金融市场的周期与趋势	69
67	57535	哈利·布朗的永久投资组合：无惧市场波动的不败投资法	69
68	57133	憨夺型投资者	39
69	57116	高胜算操盘：成功交易员完全教程	69
70	56972	以交易为生（原书第2版）	36
71	56618	证券投资心理学	49
72	55876	技术分析与股市盈利预测：技术分析科学之父沙巴克经典教程	80
73	55569	机械式交易系统：原理、构建与实战	80
74	54670	交易择时技术分析：RSI、波浪理论、斐波纳契预测及复合指标的综合运用（原书第2版）	59
75	54668	交易圣经	89
76	54560	证券投机的艺术	59
77	54332	择时与选股	45
78	52601	技术分析（原书第5版）	100
79	52433	缺口技术分析：让缺口变为股票的盈利	59
80	49893	现代证券分析	80
81	49646	查理·芒格的智慧：投资的格栅理论（原书第2版）	49
82	49259	实证技术分析	75
83	48856	期权投资策略（原书第5版）	169
84	48513	简易期权（原书第3版）	59
85	47906	赢得输家的游戏：精英投资者如何击败市场（原书第6版）	45
86	44995	走进我的交易室	55
87	44711	黄金屋：宏观对冲基金顶尖交易者的掘金之道（增订版）	59
88	44062	马丁·惠特曼的价值投资方法：回归基本面	49
89	44059	期权入门与精通：投机获利与风险管理（原书第2版）	49
90	43956	以交易为生II：卖出的艺术	55
91	42750	投资在第二个失去的十年	49
92	41474	逆向投资策略	59
93	33175	艾略特名著集（珍藏版）	32
94	32872	向格雷厄姆学思考，向巴菲特学投资	38
95	32473	向最伟大的股票作手学习	36
96	31377	解读华尔街（原书第5版）	48
97	31016	艾略特波浪理论:市场行为的关键（珍藏版）	38
98	30978	恐慌与机会：如何把握股市动荡中的风险和机遇	36
99	30633	超级金钱（珍藏版）	36
100	30630	华尔街50年（珍藏版）	38
101	30629	股市心理博弈（珍藏版）	58
102	30628	通向财务自由之路（珍藏版）	69
103	30604	投资新革命（珍藏版）	36
104	30250	江恩华尔街45年（修订版）	36
105	30248	如何从商品期货贸易中获利（修订版）	58
106	30244	股市晴雨表（珍藏版）	38
107	30243	投机与骗局（修订版）	36